基本公共服务均等化理论视域中的社区托育服务研究

文思婕　著

天津社会科学院出版社

图书在版编目（CIP）数据

基本公共服务均等化理论视域中的社区托育服务研究 / 文思婕著 . -- 天津 : 天津社会科学院出版社，2025. 5.

ISBN 978-7-5563-1099-9

Ⅰ．G617

中国国家版本馆 CIP 数据核字第 2025E9J020 号

基本公共服务均等化理论视域中的社区托育服务研究

JIBEN GONGGONG FUWU JUNDENGHUA LILUN SHIYU ZHONG DE
SHEQU TUOYU FUWU YANJIU

责任编辑：付聿炜

装帧设计：寒　露

出版发行：天津社会科学院出版社

地　　址：天津市南开区迎水道 7 号

邮　　编：300191

电　　话：（022）23360165

印　　刷：定州启航印刷有限公司

开　　本：710×1000　　1/16

印　　张：11.75

字　　数：180 千字

版　　次：2025 年 5 月第 1 版　　2025 年 5 月第 1 次印刷

定　　价：68.00 元

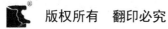

前 言

改革开放以来，国内经济持续发展，居民的生活水平不断提高，对社会基本公共服务的需求也不断增加。但是，目前国家经济发展不均衡，城乡之间的基本公共服务建设也不均衡。尽管政府已经发布了相关文件，但是由于理论界关于基本公共服务均等化的研究还比较少，没有具体可以参考的理论依据和实践经验，所以基本公共服务的建设以及公共财政制度体系的构建具有一定的难度。本书对基本公共服务均等化的相关理论进行了仔细研究与探讨，通过对基本公共服务均等化的基本框架以及保障机制的研究分析了实现基本公共服务均等化的可能性，并对当前实现基本公共服务均等化的重要影响因素进行了具体分析，通过这些影响原因提出了实现基本公共服务均等化的一些对策和建议。

享受基本公共服务是每个公民的基本权利，而提供基本公共服务则是政府的重要职责。基本公共服务涉及社会发展的不同方面，制定并实施国家基本公共服务标准能够满足人们生活的基本需求。实现公共服务均等化需要不断推进城乡的均衡发展，要不断缩小城乡以及各区域之间的差距，制定合理的发展规划，在市场力量的基础上形成具有地方优势的产业链，推动不同产业之间的协调发展，才可以有效推进城乡区域之间协调发展。同时也要不断调整国民收入分配格局，形成城乡一体的新型工农关系，从而激发城乡之间的发展活力。在促进城乡资源流动过程中，要发挥城市对农村的带动作用，通过不断深化产权制度改革，从根本上维护农民的利益。

随着国家生育政策的不断放开以及社会经济的不断进步，托育问题已经成为社会讨论的重要话题。全面三孩政策是国家为了提升人口出生率出台的重要政策。为了推动生育政策的有效落实，托育服务建设已经规划到国家重点发展配套项目中。目前，一线城市社区托育服务的有效开展已经取得了良好的效果，但是由于社会托育需求量大，社会上的托育机构显然不能满足民众的要求。为了解决托育供给数量严重不足的问题，国家需要尽快调整基本公共服务结构，大力发展社区普惠性托育服务，尽快解决居民的育儿需求。同时，要制定好相关的社区托育政策，逐渐提升社区托育服务的质量，使托育服务能够在各地区城乡之间有效展开。

目前，在政府的不断推动下，社区托育服务相关政策与文件陆续出台，社区普惠性托育服务城市试点也逐渐开始运行。托育行业是新兴行业，国内目前还没有具体的发展经验，在服务机构数量以及服务质量上还是有很大的发展空间。只有建立标准的托育服务供给体系和监管体系，才可以使托育行业稳步发展。

目　录

第一章　基本公共服务均等化相关概述

第一节 基本公共服务均等化的理论研究

一、基本公共服务均等化的相关含义

（一）基本公共服务的含义

基本公共服务是政府保障居民最低生活标准的服务，是以社会经济发展为基础保障公民享有公平生存发展权利的服务。基本公共服务能够保障每位公民得到最基本的发展条件与发展空间，基本公共服务是促进社会公平以及社会和谐发展的重要基础。从现实需求来看，基本公共服务均等化不代表基本公共服务的平均化。基本公共服务供给主体多元化要考虑到不同类型的供给主体。基础服务由政府提供才会呈现出基本公共服务的特性，从而确保公平性。

（二）基本公共服务均等化的含义

社会发展的基本宗旨是实现社会全体成员共享发展成果，通过实现公共服务均等化，体现社会公平，促进社会和谐发展。政府在提供基本公共服务时，要将基本公共服务均等化。均等化是指政府要在不同社会发展阶段设立不同的服务标准，要在公共物品与公共服务分配中，做到公平公正。基本公共服务均等化的实现意味着人们享有同等的公共社会服务与福利，但是由于各地经济的发展差异以及地方需求结构的不同，基本公共服务绝对均等是不大可能实现的，因此均等化不是简单的平均化，而是有一定差别的平等。在承认地域之间存在差别前提下，保证所有居民都可以享受到最低标准的基本公共服务，使城乡居民的生活质量都可以得到保障。基本公共服务均等化是衡量共享改革发展的可行性标准，共享改革的实现需要借助科学的评判标准，基本公共服务均等化能够直接反映出人们共享改革的发展程度。基本公共服务均等化是促进社会公平、和谐发展的必要条件。各国为实现公共服务均等化制定了很多相关的措施，对政治文明的进步起到了很大的推动作用。基本公共服务均等化的对象主要是困难群体，通过对困难群体的关注，使弱势群体的情况有所改善，从而提升社会的整体福利。

二、基本公共服务均等化的基本内容

（一）基本民生性服务均等化

从人的全面发展的角度来看，基本公共服务均等化能够将以人为本的科学发展理念充分展现出来。坚持发展是为了人民，发展的过程需要人民的支持的思想，因此发展成果需要人民共享，由此才可以满足人民的物质需求以及精神生活需求。就业是社会群众生存的基本途径，基本民生性服务均等化主要内容就有就业服务与社会保障均等化。随着社会经济不断发展，民生生活的保障与改善受到很大的关注，民生性服务关系到社会经济的发展方式，也关系到政府转型的方向。只有建设具有针对性的基本民生性服务体系，才可以将公共服务内容相互对接。失业率与通货膨胀率是衡量国家经济发展的重要指标，因此受到政府的高度重视。政府要把提高人民就业率放在公共服务的重要位置，使失业率能够降低，低收入阶层的就业能够得到保障，提升就业服务均等化水平。民生是指民众的基本生存状态以及基本的发展机会，民生是政府重点关注的工作，目标是让群众可以享受到较高的生活质量。同时，也要通过具体的政策措施保障群众的就业发展，让每个人都能够有接受教育、就业、发展的机会。政府为群众提供必要的生活保障，使每个人具有生存的基础，社会才会更加和谐稳定。

均等化是在社会公平原则的基础上，将贫富差距控制在一定范围内，使城乡之间能够协调发展，让社会不同的阶层都能均衡受益，从而使居民都能够享受到经济社会发展的成果，将不和谐因素消除。基本社会保障是收入再分配的表现，是就业服务的一种补充形式。为保障不同社会阶层都能享受到社会发展成果，要确保全体人民公平分享，从而保障公民的基本权利，将不和谐因素消除。公共服务均等化是政府保障公民机会公平的重要途径之一，在遇到不可抗拒因素时，公民能够得到救助，可以享受到培训与就业的服务。均等化就是要实现民生性服务的平等，提升基本民生性基本公共服务标准，使社会公众享受到社会权益。实现基本公共服务均等化能够使全体公民获得社会保障与就业服务，使经济能够可持续发展。政府要不断提高社会保障的水平，同时，将保障的范围不断扩大。公平实行转移支付政策，使公众能够享受到同等的生存与发展的权利。为了满足人们对精神生活以及社会生活的需求，必须实现基本公共服务均等化。

社会发展的基本宗旨是人人共享、普遍受益，而推进基本公共服务均等化，是实现人人共享社会发展成果的必然选择。换句话说，基本公共服务均等化是过程，共享社会发展成果是结果，它们在方向上是一致的，目标都是要维护社会公平。当前，通过实现基本公共服务均等化，让人民共享改革发展成果，是解决民生问题、化解社会矛盾、促进社会和谐、体现社会公平的迫切需要。现实生活中存在诸多不和谐因素，既有发展不足的问题，又有分配不均的问题，即没有很好地让全体公民公平公正地享受到社会发展的成果。按理说，社会进步的成果应当由全社会来共享，但实际上是由强势群体来享受或率先享受的。同样，社会代价的后果应当由全社会来分担，但实际上大部分却是由弱势群体来承担或主要来承担的。因此，处在强势群体中的人与处在弱势群体中的人，对社会的认识是不一样的。强势群体由于得到很多利益，认为这个社会好，希望维持现状，对社会认同感较高；而处在弱势群体中的人，由于地位下降或利益受损，对社会有一种不满情绪，甚至希望改变现状，因而对社会的认同感较差。这种复杂的情况必然导致社会矛盾和冲突。所以，必须针对影响社会和谐的突出矛盾，以解决人民群众最关心、最直接、最现实的利益问题为重点，真正把改革发展成果体现在人民的生活质量和健康水平的不断提高等方面，体现在人民的思想道德素质和科学文化素质的不断提高等方面，体现在人民享有的经济、政治、托育、文化和社会等各方面权益得到充分保障等方面，以此来促进和谐社会建设。

（二）基本公共事业服务均等化

基本公共事业服务均等化主要指基础教育与医疗卫生的均等化。保障公民享有平等的受教育权是社会公平的重要基础，因此国家要不断普及义务教育，使义务教育能够均衡发展，使基础教育均等化能够有效实现。在公共医疗卫生服务方面，国家要坚持其公益服务性质，不断提升落后地区的医疗水平，同时建设合格先进的医院卫生站，使低收入人群都能够公费看病，最终确保各地区的医疗服务程度与人均医疗资源相对统一。逐步实现基本公共服务均等化是完善公共财政制度的重要目标。只有不断完善公共财政制度、调整财政收支结构，才可以把更多国家财政资金投入公共事业领域中。通过加大社会在就业以及社会保障等方面的投入，可以有效缩小城乡之间以及地域之间的发展差距。地方政府要利用自身的能力与优势鼓励个人以及企业从基本公共事业服务均等化中缓解社会矛盾，使义务教育以及基本医疗能够有效落实到群众利益中，从而形成协调统一的义务教育与公共医疗卫生服务体系。从完善公共财政体系的角度看，基本公共服务均等化是完善社会主义市场经济体制的重要方式。

保障教育公平是公共教育政策的重要任务，也是政府的责任，基本公共事业服务均等化需要坚持教育公平的理念，从而可以使教育均衡发展。基本公共教育服务要明确公民的权利与义务，对于服务主体要积极主动、尊重沟通，使公民身心能够和谐发展。由于政府资源有限，提高财政能力才可以享有更多的资源。实现公共事业服务均等化是国家的重要社会决策，促进基本医疗卫生服务均等化是新医改的重要制度安排。我国的基本社会保障制度主要由社会救助以及社会保险等方面组成，社会救助制度是最低生活保障制度，不仅关系到基层群众的生存状况，还可以解决群众在现实中的困难。基本医疗卫生服务具有保障性质，实现均等化不仅要考虑社会群众的需要，还要符合国家政策改革的方向，要通过对公共服务的供给体制与财政约束的分析，实现基本医疗卫生服务均等化。每个人都有享受经济发展成果的机会，基本公共卫生服务主要内容有卫生检疫、妇幼保健、传染病控制等，具有公共程度高等特征，在社会生产以及公民的福利等方面有很大的影响。提升基本公共卫生服务供给均等化水平，建立以预防为主、防治结合的基本公共卫生服务体系，能够让城乡居民少生病，提升人民整体身体素质。

基本公共服务均等化是衡量共享改革发展成果的可行标准。共享改革发展成果的目标实现与否，需借助科学、合理的评判标准。基本公共服务均等化正是一个可行的衡量标准。一方面，基本公共服务均等化的本质是共享改革发展成果，基本公共服务均等化程度的高低直接反映了人们共享改革发展成果程度的高低；另一方面，相对于共享改革发展成果的难测度性，基本公共服务均等化的各项指标可以量化，所以它是衡量共享改革发展成果的可行标准。目前，"4E"标准，即效果性（Effectiveness）、效率性（Efficiency）、经济性（Economy）、公平性（Equity），是评价政府基本公共服务的客观标准，其中的公平性标准即为基本公共服务均等化。 如"基准评价指标"（即标杆法，就是预先选定一个组织或一个标准，并将其作为本组织一定期限内努力的方向和试图达到的目标，到设定期末，测度本组织完成预定目标的程度和质量，即该组织的基准绩效得分）、"地区差异指标"（即同一种公共服务，评估得分最大地区与评估得分最小地区间的得分之比）等，均是很实用的公平性评价标准。

（三）公共基础设施服务均等化

公共基础设施服务均等化内容主要有公益性基础设施与生态环境保护等。均等化是在公平原则的基础上促进区域之间协调发展。政府在进行地方建设时，要加大对环境的治理力度，使环境质量较差、工业较发达的地区能够将基础建设不断完善。要将发达地区的资源逐渐转移到不发达的地区，使地区间基础建设的资源能够保持均等的状态，从而使地区之间可以协调发展。基本公共服务均等化是当今社会发展的主要趋势，在国家出现经济变化时依然能够保持稳定、有秩序地发展，这对国家的可持续发展有重要的促进作用。许多发展稳定的国家把基本公共服务均等化作为主要的发展政策。社会经济的不断发展给土地资源带来了很大的压力，平均化是对公共土地资源的单纯份额等同式分配，既不能达到公平也没有太高的服务效率，影响到全体公民享受基本公共基础设施。机会公平确立了社会道德规范，也是国家可持续发展的重要条件。快速增长中的不均衡化现象影响到发展的可持续性，公共基础设施服务可以将市场化作为主要方向，不断鼓励企业地区将自己的优势发挥到基础建设中，从而实现建设服务均等化。在民主化政治框架下，公共行政与财政之间存在着重要的连接关系。从基本人权角度分析，公共基础设施服务涉及基本生存权和基本发展权。

在市场缺失的情况下，公共基础设施服务均等化主要靠政府行政以及公共财政的推动来进行。从个体指标看，各地区公共基础设施服务均等化水平在逐渐提高。但从综合指标来看，各地的公共基础设施建设还是存在较大的差距。公共基础设施的提供能力与地方公共财政能力有很大的关联。在均等化逐渐实现过程中，可以发现市场经济的力量是巨大的。建立一体化的基础设施体系，是实现城市与农村经济融合发展的基础，有利于促进乡村经济的转型，可以进一步推进农业发展。在建立健全的公共基础设施服务供给制度过程中，要着重建立统一的均等化标准财政转移支付，可以使地方政府将增加财政收入的关注点转移到公共基础设施服务中，只有不断调整完善基础建设方向，才可以更好地推进公共服务的建设规模。我国长期以来是以城市为中心发展经济的，农村地区的基础设施建设以及服务体系没有具体的政策性安排，为缩小城乡发展差距，要以完善产权制度为重点，将公共资源合理配置。社会在推动各地区公共基础设施服务均等化过程中，既需要政治方面的激励，也需要民众的监督。从社会角度看，监督机制作用的充分发挥需要成熟的法律与相关制度作为支撑条件。

政府供给基本公共服务过程中同时存在着供给不足和供给不均的问题，它们都是造成基本公共服务不均等的原因。对此，供给不足问题已经受到大家的强烈关注，而供给不均却往往被笼统地认为是供给不足，并被有些人认为是在供给充足前提下才会出现的现象。实际上，在供给不足情况下，个人因素也会造成供给不均的问题。而且，供给不足前提下的供给不均会加剧基本公共服务非均等化。监管、付费、直接提供是政府供给基本公共服务的三种基本手段。监管就是通过建立健全各种制度、机制，对非政府组织供给公共服务进行全程监督与管理；付费是政府通过付费来干预公共服务的提供，包括向服务提供者和服务需求者提供补贴等；直接提供是政府公立机构直接向公众提供公共服务。这三种手段都旨在推动基本公共服务的高效、公平化发展。政府基本公共服务的"供给不均"贯穿在这三种手段中，表现为"制度供给不均""财政供给不均"和"人员、设备、设施供给不均"等。为实现共享改革发展成果的目标，我国政府重视推进基本公共服务均等化，但现阶段仍面临许多挑战，基本公共服务依然存在非均等化现象，甚至在某些方面呈现出恶化的态势。根据基本公共服务供给的主体和客体划分，基本公共服务非均等化可分为政府（主体）基本公共服务"供给不均"与公众（客体）对基本公共服务"享受不均"两个方面。

（四）基本公共安全服务均等化

公共安全服务方面均等化主要包括人身安全以及社会安全等方面的内容。政府以及相关部门要做好公共安全服务工作，将潜在的事故风险降到最低，做好后备方案，预防各类公共安全事故的发生，遇到灾害发生时要将生命财产的损害降到最低。公共安全服务主要内容有社会治安、公共卫生安全等，涉及社会大众的生命财产以及生产生活等多方面。基本公共安全服务是指在一定经济条件下保障公民的人权以及基本利益，从而使一定区域内全体公民都可以享受到最基本的公共安全产品服务。基本公共安全服务作为公共服务之一，具备公共服务的特征，与其他公共服务相比，具有自身的非竞争性。基本公共安全服务是公共服务中重要的组成部分，从理论上看，基本公共安全服务均等化是逐步构建和谐社会、保障人权的基本保障。提供公共安全服务是政府必须承担的基本职能，也是为其他公共服务提供有效产出的前提。只有不断分析现阶段地区的基本公共安全服务中产生的问题，合理进行制度安排，不断加强基本公共安全服务的理论化研究，才可以更好地实现基本公共安全服务均等化。

个体对基本公共安全服务的需求与其他基本公共产品相比，能够呈现收益反比例关系。需求越多，表明个人的人身安全、财产安全越不稳定。当公民的人身安全、财产安全处于正常状态时，便没有消费基本公共安全服务的动力。基本公共安全服务具有基础性地位，在公共服务体系中发挥连接性的作用。为公民提供危险状态时的紧急救助服务是警察行政机关的职责，也是公安机关基本公共安全服务的主要内容。基本公共安全服务对于公民个体来讲，具有一定的被动性。正常情况下，公民不需要消费基本公共安全服务，只有当人身安全以及财产受到不法侵害时，才需要公共安全服务。基本公共安全服务均等化要根据区域经济的发展水平以及社会治安的状况等因素进行投入与服务。这样既不违背均等化的内涵，也可以使均等化能够在动态平衡中不断发展。预防犯罪等公共服务是在一定经济条件下为保障公民的合法利益进行规范的服务内容。强化公共安全服务均等化理念，可以加快建设服务型社会，使各类部门能够将公共服务职责科学合理划分。地方财政辖区内分配不均会拉大城乡及不同区域之间的差距，加剧社会不公。在当前"工业反哺农业，城市扶持农村"的国家大政方针指引下，地方在财政分配中已逐步提高支农比例，并重点向学龄前教育、社会保障、公共卫生、环境保护等基本公共服务部门倾斜，取得了一定成效，特别是在经济发达省份。但是，我国大多数省份的财政收入有限，市县一级更是难以支付各种基本公共服务所需的资金，只能重点顾及其中一部分，造成地方财政供给不均的现象。

三、基本公共服务均等化的特征

（一）基本性

基本公共服务被界定为最基本的公共服务，主要包括医疗卫生、基础教育以及社会保障等，与公民的生存和发展需求息息相关，体现为对基本人权的保障。在不同地区，政府公共服务会在财政能力、要素禀赋、人口自然分布形态以及经济社会发展水平等方面呈现出显著的差异，而且，不同公民也有不一样的公共服务需求，体现出明显的个体差异性，这时提供的基本公共服务只能是最基本、层次最低的公共服务。而层次较高的公共服务的提供不需要中央政府进行协助，而是需要不同地区结合自身当下的财力情况来确定提供服务的多少，从而最大限度地发挥发达地区主体多元化的优势。基本公共服务均等化的基本性，着眼于对公民最基本人权的保障，以满足不同地区居民最基本的公共服务需求。

（二）无偿性

作为一种公共服务，基本公共服务也具有与公共服务相同的一般特性。相比于私人服务，公共服务与其之间最大的不同之处在于其主要目标是满足公共的需求，而非营利。基本公共服务是由政府无偿提供的，是一种与公众基本需求相符的公共服务。从整体上来看，这种无偿性是报偿对等的，作为纳税人的公众需要提前承担公共服务的成本，政府做好税收的筹集工作，然后将这些税收通过提供公共服务的形式分配出去，通过对收入差异的调节实现社会正义和公平。基本公共服务均等化的无偿性，可以保证每个地区的公众都可以享受到基本的公共服务，在此基础上改善地区公共服务存在的差异性问题。

（三）均等性

基本公共服务均等化从正义和公平出发，保证每个地区的居民都能获取基本公共服务并最终受益，确保服务水平的基本相当。这并非完全平均、一模一样，而是相对于不同区域大部分人的均等。从政府供给角度来看，应当从基本公共服务的供给数量、供给标准、供给水平以及供给范围等角度出发，追求不同区域居民之间的均等性。从公共需求角度来看，由于不同区域经济发展存在不平衡的现象，个人公共服务需求呈现差异性和多样性，财力雄厚的地区在提供基本公共服务的基础上，还能为居民提供更高层次的公共服务。均等化并非指全国基本公共服务水平都要保持一致，它是一个相对的概念，是全国标准与地方标准同时存在的一个相对的过程。基本公共服务均等化的均等性，强调要先保证不同地区居民享受到最低标准的公共服务，在此基础上，再考虑居民差异性、多样化的公共服务需求。

（四）政府提供主体性

公共服务供给模式具有多元化特点，不仅可以采取政府供给模式，还能采取市场提供的模式，也能采取政府与市场联合提供的模式。基本公共服务均等化需要政府借助于公共权力，对资源进行吸收并均衡分配，政府是基本公共服务的唯一提供主体，而市场提供更多是发挥辅助作用。对于一个区域来说，基本公共服务均衡是其协调发展的有效渠道，即便是采用市场主体方式，政府也需要全面监管这些主体。一种行得通的方式是将公共服务的提供与生产过程进行分离，将公共服务的生产交由非政府主体，政府则主要负责购买公共服务，进而有效地控制公共服务的质量和数量，由此一来，就能确保基本公共服务的提供主体依旧是政府。

（五）发展性

在不同区域，当社会公众享受到"底线均等"的基本公共服务之后，随着经济社会的持续发展，加之政府财政能力越来越强，会追求更高层次、更高水平、更高标准的基本公共服务。因此，不同区域基本公共服务均呈现出发展性特征，这就要求构建出一套与中国国情相符的基本公共服务体系，使每位公民都可以真正享受到不同发展阶段、动态的基本公共服务。基本公共服务均等化的发展性，可以很好地协调公众需求以及经济发展水平之间的动态变化，并结合这一变化对基本公共服务的供给层次和范围进行适时、适当的调整。

四、基本公共服务均等化的现实意义

（一）基本公共服务均等化是改善民生的现实举措

现阶段的诸多社会问题归根结底是民生问题。医疗卫生、教育等方面的问题都与民生问题存在着千丝万缕的联系。如果没有解决好民生问题，将引发一系列社会问题。而改善民生是缓解社会矛盾的重要途径之一，从这个意义上来看，改善民生是社会建设过程中的一大重要环节。

从普遍情况来看，低收入人群是出现民生问题的主要群体，这类群体的人数占总人数的比例较高，工资是他们主要的收入来源。而现阶段劳动收入所占比例在我国整个国民收入中处于比较低的水平。低收入人群很少有能力或有条件获得财产性收入，因此，低收入人群往往对基本生活用品和服务的价格比较敏感，主要包括衣食住行、医疗卫生、教育等，抵御物价风险的能力比较薄弱。即便是白菜、豆腐、大蒜、小葱这些常见蔬菜价格出现上升，也会引发低收入人群的高度紧张。而从另一角度来看，在各种因素的影响之下，当基本生活用品和服务的价格以持续上升的趋势发展时，其价格增长速度往往要高于普通劳动者收入的增长速度。这种情况会无形之中增加低收入人群的生活压力，很可能出现入不敷出的情况，进而导致吃不起肉、上不起学以及看不起病等情况，甚至无法保证基本生活需要。这些民生问题如果不及时解决，就会影响范围越来越大、程度越来越深，势必会造成严重的社会危机，对和谐社会的建设产生不利影响。

要想从根本上消除这种问题，一方面需要实现经济的持续健康发展，为公众创造更加多样、丰富的就业机会，促使劳动者的收入水平能够更上一个台阶；另一方面，对一部分国民收入进行财政的二次分配，这个分配机制的职能被赋予了保证全体公民生活底线的职责。而促进基本公共服务的均等化是这个财政分配机制的重要举措。这一措施不仅能采用提供最低生活保障的方式全力为最困难群体提供基本生活保障，还能通过低费或免费的教育和医疗卫生服务、不断健全的社会保障体系，为低收入人群提供公共服务，使他们在公共服务方面的支出得以减少，进而大大缓解他们的生活压力和负担，在保证公民生活水平的同时，亦可以起到改善生活状况的重要作用，确保低收入人群的公民权利得到有效落实。最近几年，部分地方政府为了解决殡葬费用高而出现的"死不起"的社会焦虑现象，为特别困难的家庭提供免费的殡葬基本公共服务，免除相关的基本殡葬费用。免费义务教育、新农合等措施都在这种基本公共服务均等化范畴，这些措施对于农民生活、低收入人群生活的改善起着重要的作用。近些年来，随着越来越多基本公共服务均等化措施的推行，民生问题会得到持续不断的改善。

（二）基本公共服务均等化是建设和谐社会的重要基础和必备条件

在市场经济条件下，市场主体资源的配置由价格机制所引导。对效率的追求导致社会出现了一定的贫富差距。有些人拥有丰富的财富，并过着优越的生活，有些人次之，还有小部分人无法获得基本生存的财富。面对一定程度的社会差别，社会主义市场经济保持承认和保护的态度，国家依法保护因合法收入而逐渐富裕的人群。与此同时，国家也合理地应用二次分配机制，为落后地区和贫困群体提供生存保障及公共服务，确保每一个地区的人群都可以共同生活在同一片天空下，受到时代所能接受的底线保护。这样的社会景象是和谐社会的具体体现。

另外，古今中外的大量经验证明，无论哪种社会，过大的贫富差距都有可能造成不同阶层和不同人群之间出现复杂的矛盾冲突。基于这样的形势，要想从根本上解决问题并构建和谐社会，一定要从收入分配制度改革方面入手，迈出实质性步伐。此外，为了解决因边缘困难群体的生存状态而引发的各种各样的社会不和谐问题，只能通过基本公共服务均等化的方式，将任何情况下都会存在的边缘困难群体保护在共同的社会环境之中。由于基本公共服务的标准一致性以及普遍性，其可以实现人人享有、没有差别，这样一来，就能将那些容易进入社会冲突之中的边缘人群保护在正常的社会秩序之中，更好地保障和谐社会的构建与发展。因此，基本公共服务均等化是和谐社会的重要基础和必备条件。

（三）基本公共服务均等化是保护社会公平的底线措施

在任何一个历史时期，社会公平都是党的大政方针所共有的目标之一。自改革开放以来，我国在追求效率的同时，始终兼顾公平的原则。社会公平是社会和谐发展以及经济社会健康发展的重要前提。在社会发展过程中，如果利益分配机制缺乏公平性和合理性，就会造成不同社会阶层之间差距的不断扩大，久而久之就会引发难以化解的社会矛盾，为和谐社会的构建、经济社会的持续健康发展埋下"祸根"。

为了避免或解决上述问题，改革收入分配制度是重要的途径。除此之外，在保护社会公平底线、缓解社会不公平问题方面，基本公共服务均等化所发挥的作用是不可替代的。首先，对于社会在底线意义上的公平，基本公共服务均等化起着重要的促进作用。通过提供最低生活保障、养老保险、免费基础教育以及基础医疗保险等服务，能够保障低收入人群甚至无固定收入的贫困人口的基本生活，使弱势人群真正地享受到经济社会发展的成果，保证所有人都可以从经济社会的发展中获益。这就在结果上维持了最低程度的社会公平。其次，基本公共服务均等化有助于守护起点公平。通过为低收入家庭提供基础生活保障、基础医疗保障、住房以及公共设施等均等化条件，使所有人都具备了一定的能力以更好地参与社会生活以及经济发展过程，为低收入人群转变为高收入人群提供了渠道，为低收入人群创造了宝贵的成长或发展的机会。最后，政府是基本公共服务均等化的责任主体，政府的财政支出是基本公共服务均等化的资金来源，所有的基本公共服务项目都需要以政府为媒介，通过直接或间接的方式提供给低收入人群，确保低收入人群与其他人群一样都能享受到相同的公共服务。这不同于社会其他主体向贫困人员提供的支持服务，它不仅具有标准性、持续性、保障性特点，还要充分考虑服务对象的心理感受，使低收入人群能够以正常的姿态充分发挥自身的作用，并自觉、主动地为经济社会的进程贡献自己的力量，并在此过程中获得应有的尊严与成长。总而言之，在保护社会公平方面，基本公共服务均等化发挥着不可替代的作用。

五、基本公共服务均等化面临的现状与挑战

（一）基本公共服务均等化的现状

1. 分权化改革对基本公共服务的影响

分权化改革对政府的制度安排进行了相应的调整，使公共服务设施的供给水平可以直接由政府的财政能力决定，政府的财政能力已经成为影响基本公共服务设施的重要因素。在全面深化改革的背景下，基层政府成为基本公共服务设施的财政供给主体，然而在分税体制中，基层政府的财政支付能力

有待提升。经过快速城市化的均等化过程后，社会成员的基本权利会得到全面保障。经济全球化为分权化改革提供了宏观背景，人均收入的增长与中央政府的公共投资相关联，国家在进行分权改革前，已经出现了长期的经济增长进程。逐步实现基本公共服务均等化已经成为当前改革的重要目标，想要提高基本公共服务的供给总量，实现基本公共服务的全面化，就要从财政支出结构角度进行调整。想要提高基本公共服务供给的均衡程度，就要科学合理地转移支付，逐步向基础教育以及社会保障等服务部门倾斜。由于目前分权化治理的研究方法还不够清晰，制度化的工具还比较缺乏，在开展制度化进程中比较缓慢。因此分权化治理要有健全的体制作为社会基础，有更多的公民社会组织参与才可以更好地激活民众治理的积极性。

2. 基本公共服务质量不均等

在经济比较发达的地区，基本公共服务设施在数量等方面已经得到很好的覆盖，但质量的均等化程度还是不能达到预期的效果。城乡基本公共服务设施均等化还是有很大的区别，为了调节基本公共服务设施的发展状况，要掌握基本公共服务设施均等化发展的特征以及主要存在的问题。基本公共服务供给中比较明显的问题就是公共服务供给质量不均等，政府在公共服务供给中的角色定位不够清晰，有越位、错位现象的产生。在投入高、回报少的基础公共服务方面没有进行正确认真的管理，从而一定程度上妨碍了基本公共服务均等化事业的发展。居民生活条件不断提高，对基本公共服务设施的需求也越来越高。基本公共服务设施均匀布局已不能满足居民的需求，要注重设施质量层面均匀化。以基本公共服务均等化推进社会和谐建设，是我国改革的主要任务。目前经济发达地区基本公共服务设施不均匀主要体现在软件质量上，硬件建设虽然普遍合格，但农村地区设施的运营维护在后期管理中存在较多的问题，城乡基本公共服务设施均等化发展更应该重视软件质量的开发与维护。通过不断提升设施的硬件与软件质量才可以使基本公共服务具有可持续性。

（二）基本公共服务均等化面临的挑战

1.制度供给不均

政府在提供基本公共服务过程中，供给不足和供给不均等问题会造成基本公共服务的不均等。供给不足的问题已经受到社会的很大关注，有些人认为供给不均的问题是在供给充足的情况下才会出现的。但是在实际情况中，政府部门工作不到位也会造成供给不均的现象，供给不均与供给不足会使基本公共服务不均等化发展。基本公共服务质量具有隐蔽性，公职人员在提供基本公共服务时，可能会因为个人素质存在差距等问题，从而会加剧基本公共服务的不均等现象。制度供给不均主要表现在公共服务城乡发展过程中，虽然国家强调统筹规划城乡协调发展，但由于对农村的重视程度不够，城乡教育医疗等方面还是存在城乡二元格局的现象，通常会从制度供给不均或者人员设备不均等方面体现出来。与城镇的医疗制度相比，农村的普通疾病还是不能得到全面的医疗保障，还是存在不公的现象。相对于基本公共服务需求增长的均等化要求，公共财政压力逐渐增加。很多基本公共服务由于形成的债务数额较大，在实现基本公共服务均等化过程中会遇到各种挑战。

2.财政供给不均

财政供给不均主要表现在地方财政的分配不均以及中央对地方财政支出比例失调等方面。财政不均的现象会拉大城乡以及社会阶层的差距，加剧基本公共服务的不均等现象。随着国家政策的不断落实，地方财政分配已经逐年提升扶持农村的财政比例，并在基础教育以及社会保障等方面取得了一定的效果。但由于大多数省份的财政收入有限，基本公共服务所需的资金还是不能完全到位，会造成地方政府财政供给不均的现象。在现实生活中，基本公共服务的数量以及质量往往不会受到重视，尤其是在基本公共服务资源不足的情况下。社会保障的覆盖面已经在逐渐扩大，但还是有很多群体因为各种因素不能享受到基本公共服务，主要还是政府的财政供给不均造成的。只有进一步优化地区经济的公共财政支出结构，将公共财政重点投入民生领域，不断推动公共资源向基层延伸，才可以形成有力的财政转移支付制度。

国家目前正处于经济转型的重要时期，在转型过程中，城乡以及地域之间的差异越来越大。基本公共服务均等化需要政府有较强的公共服务能力，需要有对市场经济的有效调控手段。

3. 人员设备设施等供给不均

城市地区配备了更多优秀的人员以及更加优质的设备与设施，服务内容与服务质量与农村相比较高。具体可以表现在基础设施以及环境保护等方面，城市基本公共服务提供了更好的供水系统以及公共场所，使得居民的日常生活更加方便快捷。共享改革的本质是人人享受均等，供给均等是享受均等的必要条件，供给的不均等会导致居民享受的不均等。城乡差距与社会群体间的差距能够反映出基本公共服务的不均等，现实生活中基本公共服务数量的均等并不等于居民享受到的服务质量均等。城乡之间的差距以及社会群体间的差距可以直接反映出基本公共服务质量的不均等现象。人员与设备设施的不均等主要体现在数量以及质量上，中心城市配备了很多优秀的教育资源以及医疗资源等，而乡镇地方基本公共服务地点明显不如城市的基础设施良好，由此便会出现基本公共服务不均等现象。在消除不均等现象时，要注意平衡基本公共服务的数量与质量，以从根本上克服基本公共服务不均等。基本公共服务均等化需要政府以及全体公民的广泛参与，需要社会组织以及企业等确保规范运作的机制监督。在国家公共财政不宽裕的情况下，基本公共服务均等化需要社会治理机制的支撑。

4. 服务质量不均

各种基本公共服务还存在质量上的不均等问题，城乡差距、区域差距、不同社会群体间的差距本质上反映了基本公共服务在数量或质量上不均。基本公共服务数量上的均等，未必能保证群众真正享受到质量均等的服务。这种情况在现实中已有所表现。例如，现在我国新型农村合作医疗覆盖率达到80%以上，说明社会保障覆盖面已经扩大，但事实上，新型农村合作医疗制度主要是为大病而统筹的，一般疾病是被排除在外的，而且人均额度很低，在目前医药贵的背景下，一般疾病费用仍然高，困难群体仍然承受不起这种高价，所以新型农村合作医疗制度掩盖了服务质量不均等的事实。同样，医疗卫生方面，我国医院设立主要以行政区域为准，一般来说，一个乡镇有一个卫生院，一个县区有一家中等级别的综合医院，一个市配有一个高级的综合医院。单从数量上，县市以上的医院明显要比广大乡村卫生院要少，可是城市医院的医疗质量比农村卫生院强。这些事实证明，基本公共服务数量上的均等未必能保证基本公共服务质量上的均等。在现实中，基本公共服务质量不均往往不被重视，特别是在基本公共服务资源有限的状况下。这是由于基本公共服务具有信息不对称性，需要具备专业知识才能判断其质量高低，使基本公共服务质量具有隐蔽性和难测度性，不容易为人所认识。基本公共服务质量的隐蔽性和难测度性，加剧了基本公共服务质量不均等现象，消除它的难度就很大。因此，在消除"享受不均"的现象时，要注意防止基本公共服务数量上不均，更应该克服基本公共服务质量上的不均等。

六、基本公共服务均等化发展的对策

（一）提高供给能力

1. 承担好核心主体的责任

提供与推进公共服务是政府的基本职能，政府要采取相关措施提升基本公共服务的供给能力。为避免基本公共服务供给市场化，不能把属于政府的公共服务安排权放弃，否则会出现基本公共服务成本普遍提高的现象。在制定相关基本公共服务政策时，要确保地方政府具有均等支付基本公共服务的能力，确保城乡地区之间都有开展基本公共服务项目的能力。面对乡镇转型的现状，在推进基本公共服务均等化时要注重公共服务数量以及质量的转变。在确立全国性基本公共服务范围基础上，建立基本公共服务国家标准和监测体系，通过不断加大对基本公共服务的投入力度，满足民众的基本需求。建立基本公共服务国家标准和基本公共服务财政支出机制，进一步加大政府公共服务的投入。在地方财政能力均等化前提下，要确保基本公共服务不受空间的限制，再确保基本公共服务体系走向城乡，要分区域、分群体地实现，通过多层次的综合衔接，确保人口的自由流动性。在推动基本公共服务均等化过程中，要根据基本公共服务的范围、种类以及技术层面标准进行研究，通过组织相关部门讨论，在协调沟通的基础上，制定出相应的法规内容，从而将基本公共服务与公民的基本权利联系起来。只有把基本公共服务作为居民的基本权利，实现基本公共服务法治化发展，才可以更好地实现基本公共服务均等化。随着生活条件的不断提高，民众对于公共服务的需求已经不再单纯满足于基本的吃穿住行，而是需要更优质的健康保障以及文化精神层面的提升。

目前基本公共服务均等化的主要问题是资源配置严重不均等，主要表现在地区之间，地方由于城市化发展滞后形成了很大的城乡差异。中央政府要明确各级政府之间的基本公共服务供给责任，提高地方政府的供给能力。不断改革完善基本公共服务的投资体制，使公共财政的投资效率以及服务质量都可以有所提升。还要加速城镇化发展，通过规划执行监督基本公共服务均等化的政策执行，针对存在的问题，不断改革完善支付转移制度。地方政府在严格执行均等化标准过程中，要不断提升基本公共服务的供给能力。要研究出基本公共服务均等化的评价标准，对基本公共服务均等化的效果进行有效评估，这是基本公共服务的主要技术内容。在促进基本公共服务均等化过程中，要充分发挥国民经济社会发展规划的作用，通过社会发展规划，制定各种公共服务标准，建立科学的标准采集系统，为将来的制定规划奠定良好的实施基础。在研究制定建设标准过程中，要选择适宜的转移支付制度，要以法律法规明确相关部门的支付行为以及支出责任。政府是基本公共服务的安排者，要根据权重的消费水准把控公共服务的价格，由此才会实现基本公共服务的公平化。

2. 不断完善和提升公共财政政策

合理地将财政转移支付是实现基本公共服务均等化最直接的手段。基本公共服务均等化是将公共财政的面积不断扩大，使社会成员都可以享受到经济发展的成果，然而在具体实行时，很多地方政府并不能将转移支付的资金做到公平分配。为此，今后要努力建立与经济增长相匹配的基本公共服务标准，保证财政在基本公共服务支出范围的基础上，用技术解决公共服务所需的资金总量和投入结构问题。各级政府还需进一步明确基本公共服务供给的责任，要将责任明确到位。基本公共服务均等化是建立在转移支付和财政能力均等化的基础上的，只有不断研究基本公共服务均等化，认真评估专项转移支付的弱点，将存在的问题指出，并找到需要改进的方向，才可以更好地通过财政能力实现基本公共服务均等化。实现基本公共服务均等化要以财政转移体制为标准，通过专项转移支付确保全国基本公共服务均等化。相关部门应该负责公共服务的支出，以基本公共服务的各类标准向贫困地区进行无条件转移支付，从而确保低收入阶层享受基本公共服务的权利。

转移支付的规范开展，需要完善的监督体系进行全方位的把控。转移支付类型多样，具有十分广泛的覆盖面，转移支付的数额通常比较庞大，为了充分发挥转移支付的政策效果，提升财政转化率，实现效益的最大化，有必要加强对转移支付财政资金使用情况的监督。而在所有的监督方式中，实地考察是最直接、有效的监督方式之一，可以针对政府转移支付的情况，组建专门的审查监督小组，通过分工审查的方式，为审查过程和结果的全面性、精准性提供保障。在考察过程中，一方面要积极鼓励和吸引广大人民群众的参与，充分了解人民群众实际的公共服务需求，为转移支付的不断完善与优化提供现实参考；另一方面，需要不断拓展监督渠道，打通多维监督渠道，更多地依靠社会力量，以实现多元化监督的目标。为此，中央应当作为牵头单位，积极探索与市场化要求相符的监督路径，全力支持与引导多主体参与监督，形成多方参与的监督模式，并构建与此相对应的科学合理的考核与奖惩机制。另外，不同地区的政府要因地制宜，从本地实际情况出发，制定科学的监督方案，通过内外联合的方式进行全面监督，坚决杜绝转移支付过程中出现任何挪用、滥用等问题。

转移支付通过简单直接的拨付方式，大大缓解了一些地区的财政窘境，为这些地区的综合发展提供了坚强的保障。但是，随着转移支付应用时间与范围的持续增加，相关弊端也逐步显现。如直接拨付的补贴方式有可能使这些地区更加依赖财政支付。因此，需要提升各地区的财政自给能力，使其发展由被动的"输血"状态转变为主动的"造血"状态，为公共服务均等化目标的实现奠定基础。

3.制定科学民主的公共服务政策

基本公共服务均等化的实现需要公共服务部门制定科学民主的公共服务政策。加快基本公共服务供给体制创新要在坚持政府主导的基础上，以民众需求为主要导向，不断引导社会力量的参与，合理利用公共服务投资以及运营的有效机制，形成以政府为主导、社会人员广泛参与的公共服务供给体制。为保障社会弱势群体的基本利益，要加大制度的实施力度，如只有从新农保、城镇居民养老保险以及职工养老保险三个角度出发，形成合力，才能更好地保障弱势群体基本利益。同时还要加大民生项目的实施力度，使城乡公共资源能够统筹配置改革。相关法律法规与干部考核等政策的制定可以使基本公共服务更加民主化，通过公共服务政策的全面性和法制性的提高可以提升基本公共服务的均等化。想要提升地方政府的基本公共服务供给能力，就要不断探索基本公共服务的供给模式。要结合政府转型的建设方向，以及社会组织管理的内容，探索出适合社会组织参与的公共服务内容，各社会组织管理部门要制定出可行的政策标准，为政府的公共服务创造提供好基础的条件。

（二）提高服务能力

1.提升社会享受基本公共服务的能力

推进基本公共服务均等化不仅要提升政府的供给能力，还要提升社会享受基本公共服务的能力。能否使社会大众享受到公共服务由基本公共服务的能力决定。因此，为了实现基本公共服务均等化，政府部门努力提升提供基本公共服务的能力，使社会群体可以享受基本公共服务。社会群众可以根据自身的需求选择基本公共服务的内容，但并不是所有人都有选择真正适合自身公共服务的能力。部分社会群体由于公共服务意识的缺乏，没有享受到应得的基本公共服务；还有很多社会群体在进行公共服务选择时对公共服务的期望过高，不能正确地消费公共服务，使得教育医疗等公共服务遇到很多困难。增强公众的公共服务选择能力可以推动基本公共服务均等化。在不断完善社会组织服务质量、加强社会组织发展的同时，也要不断引导社会民间组织积极监督服务内容。要不断完善措施，加强对基本公共服务质量的监督，鼓励社会组织以及公众参与质量服务的监督。

2. 提升群众公共服务购买力

虽然大部分基本公共服务设施由政府出资购买，但还是有部分服务需要民众付费购买。因此，居民必须具有享受基本公共服务的经济能力才可以完全实现基本公共服务均等化。困难群体的经济能力对基本公共服务均等化的实现有决定性的作用，只有困难群体能够承担其公共服务的费用才能减少政府提供基本公共服务的压力。提高困难群体的公共服务购买力的主要途径就是保障其就业，为居民提供充分就业的机会能提高其公共服务的购买力从而获得相应的保障。政府要充分考虑困难群体的就业问题，为困难群体经常提供免费培训以及就业的条件与信息，使大众都可以享受到基本公共服务。基本公共服务内容一般在居民的社会保障、基础教育、养老保险等领域，保障社会居民的基本生存与发展需求是基本公共服务的宗旨。城乡基本公共服务均等化的实现能够有效改善民生的发展状况以及促进社会和谐建设。

（三）提高服务质量

1. 健全评价系统

政府自身的绩效评估系统目前还是比较完善的，但公众对政府基本公共服务的评价系统还是不够健全。公共服务绩效评价包括政府的绩效评估以及公众对政府服务质量的评价。社会群众是政府基本公共服务的主要对象，群众的满意度可以反映出政府的服务程度以及大众满意度。当公众的公共需求没有得到满足时，大众可以对公共服务内容表达出不满，并要求政府改变基本公共服务的方式。由此便可以提升公众的满意度，实现基本公共服务均等化。

2. 提升公共评价能力

目前群众对基本公共服务的评价体系还未建立健全，公众的评价能力不够高，同时缺乏公共服务评价的方法与素养，因此不能很好地对政府部门发挥监督引导的作用，还会影响到基本公共服务的质量与效率。政府要不断寻求普及公共服务评价体系的基本理论与方法以提升社会大众的服务评价能力，要完善基本公共服务效果的跟踪反馈制度，使公共服务活动监督的内容与方式更加规范，从而使基本公共服务均等化具有现实意义。

第二节　基本公共服务均等化的理论基础

一、公共产品理论

（一）公共产品的概念

1. 公共产品的定义

公共产品是指为社会共同消费的产品，是在消费过程中具有非竞争性的产品，是人人都能消费使用的物品与服务。公共产品是由政府用于满足社会公共需要进行提供的。与私人物品不同，公共产品具有非耗竭性，公共产品的消费不会因为多人的使用而减少或增加。公共产品可以分为纯公共产品、准公共产品等。纯公共产品具有规模经济的特征，在消费使用上不会存在拥挤效应。国家安全以及法律秩序等属于纯公共产品，具有生产成本为零的特征。准公共产品一般包括教育、公路等，准公共产品介于纯公共产品与私人产品之间，具有明显的排他性，往往需要付费才可以消费使用。随着时代的不断进步，非竞争性成为辨别公共产品的主要方式。公共产品的本质属性是社会的共同需要，社会群众的需要决定了公共产品的形式。

2. 公共产品的特征

公共产品具有受益的非排他性、效用的不可分割性、消费的非竞争性等特点。非排他性是指部分人对公共产品的消费不会影响到他人的消费，部分人群的受益不会影响到其他人群的受益。公共产品的使用人群之间是不存在利益冲突的。私人产品可以被分割成很多买卖的单位形式，被不同类型的人群占有消费。不同于私人产品，公共产品是为全体社会成员提供和准备的，能够为整个社会成员共享，因此具有集体消费受益、不可分割的特点。与私人产品不同，公共产品具有非竞争性，任何人都可以享用，并且公共产品的边际生产成本为零，新增消费者不会增加供给成本，个人的消费不会影响到其他人使用公共产品的质量。

3. 公共需要

公共需要在观念形态上是一种欲望、理念。在价值形态上是政府需求，是政府购买力，是财政资金，是总需求的一部分。而公共产品是为公共服务的产品或服务，是有特定用途的产品。公共产品在经济上的意义，是总供给的一部分，体现为被政府需求所购买的那部分社会产品，是公共需要的使用价值形态。一种产品产出之前或刚刚产出而没有买主之前，它的身份并没有打上公共产品或私人产品的烙印，它的身份是中性的，可以成为私人产品也可以成为公共产品，只有当它被公共需求所购买之时，它的身份才被确定为公共产品。例如，一座花园，被政府购买，成为公园，即成为公共产品；被私人购买，成为私家花园，即成为私人产品。又如，当一条道路被政府购买，提供给社会使用，便是公共产品；如果它被一个企业购买，作为营利的工具，向行人收费，则又变成私人产品了。公共需要可以转化为公共产品。作为公共需要的价值形态的公共需求以两种形式分配出去，一种是购买性支出，从而直接转化为公共产品；另一种为转移性支出，这部分支出，在其形成结果上，可以有两种，其一还是用来购买公共产品，例如，中央政府给予地方政府的补贴，一般还是主要用于购买性支出，另一种虽然以公共需要为目的而支出，但其最终结果归个人使用。例如，对企业补贴的支出，用于社会保障救助穷人的支出，最终形成私人产品。所以，政府需求从根本上说，是为了满足社会公共需要，但从最终结果上，公共需求却转化为公共产品与私人产品两类产品。当然，政府需求的绝大部分都转化为了公共产品。

（二）公共产品理论

1. 公共产品理论的形成

早在 20 世纪 50 年代，就有古典学派的经济学者提出了公共产品的经典定义，并且确立了现代公共产品理论。从公共产品的定义出发，这些经济学者对公共产品的供给问题以及运行机制进行了很深入的研究，从而使公共产品理论向更深层次发展。自萨缪尔森提出现代公共产品理论后，人们对公共产品的现实意义提出了更多的疑问与猜测。经过不断研究与实践，将公共选择理论与新制度经济学不断结合，使供给模式更加多样化，由此进一步扩宽了公共产品理论研究的范围。这些古典经济学者不仅区分了公共产品与私人产品，还提出了差别税率以解决公共产品的调节受益不可分割性的问题。公共选择学派提出将公共产品的供给决定使用公众投票的方式解决，使公共产品理论研究的领域不断拓宽。博弈论与信息经济都是在公共选择理论的基础上不断形成的，是经济学中的重要理论内容。

公共产品理论意义的提出使政府机制有了规范化的标准，并为财政机制的改革指明了具体的方向以及提供了评判依据。公共产品将财政分析从财政的收支延伸到支出所提供的服务内容中。财政活动的主要目的是体现政府所提供的服务质量与数量，是社会群体对公共服务利益获得的表现。瑞典学派的公共产品理论进一步将分配公平作为利益赋税公平的前提。经过不断发展，奥意学派又对古典经济学的基本方法与理论不断修改，提出了边际效用概念以及分析方法，使公共产品理论从劳动价值转变为效用价值。林达尔均衡理论是公共产品理论的最早成果之一，此理论表示公共产品的价值并非取决于政治性的税收，而是在于居民自愿购买公共产品的总量，按照价格的供给可以了解到居民支付的价格总和。20世纪70年代以后，公共产品理论的发展主要集中在公共产品决策者的生产效率方面。回顾公共产品概念的研究过程，要不断审视公共产品的本质以及相对性。

2. 公共产品理论的发展

现代经济学的公共产品的研究是从新古典综合派的萨缪尔森开始的，为了阐述公共产品的具体概念，萨缪尔森提出非竞争性的基本属性，并对私人物品以及公共产品做了均衡问题的具体分析。通过总结公共产品供给均衡规律，政府可以根据公共产品中的消费向民众进行征税，萨缪尔森的分析成为公共产品的严格定义。通过公共产品不同于私人产品的特点，将个人经济的市场效率运用准则应用到公共产品供应分析中，可以对财政收支进行具体的数理分析。萨缪尔森研究成果解决了公共产品理论的核心问题，将公共产品定义为"每人对于产品的消费不会减少他人的消费的纯粹公共产品"。1919年诞生的林达尔均衡理论是公共产品理论最早的成果之一，林达尔认为公共产品价格并非取决于某些政治选择机制和强制性税收，恰恰相反，每个人都面临着根据自己意愿确定的价格，并均可按照这种价格购买公共产品总量。处于均衡状态时，这些价格使每个人需要的公用产品量相同，并与应该提供的公用产品量保持一致。每个个体购买的公共产品量相同且符合整体社会应提供的公共产品质量。林达尔均衡理论使人们对公共产品的供给水平问题取得了一致，即分摊的成本与边际收益成比例。总之，林达尔均衡理论指个人对公共产品的供给水平以及它们之间的成本分配进行讨价还价，并实现讨价还价的均衡。

公共产品定义的数学等式中的公共产品的供给总量以及消费成本说明，增加消费者的消费不会令产品产生竞争性。在之后便出现了大量的公共产品相关研究，通过这些公共产品理论可以发现，个人可以通过迁居等方式选择消费的公共产品；只要是集体享受着社会团体决定的物品或者服务内容便可以被认定为公共产品。每个人都想无偿或支付少量成本享受公共产品，因此只好由政府担当此职能。但公共产品的价值如何确定？边际效用价值论便赋予无形的公共产品以主观价值，从而使社会能采用统一的货币尺度去衡量对比公共产品的供应费用与运用效用之间的关系。公共产品理论还提出，遵循"效用—费用—税收"的程式，税收成为公共产品的"税收价格"，是人们享用公共产品和劳务付出的相应代价，从而将公共产品供应的成本和收费有机地联结起来。依据市场经济和公共产品理论，政府不仅要为市场经济运行提供必要的外部条件，还要在市场经济中发挥补充、矫正和调节作用。政府成为公共经济活动的中心，为社会提供越来越多的公共产品和服务。

公共经济学作为独立的经济学科，需要政治因素来讨论公共产品的有效提供问题。布坎南认为每种公共选择规则都存在交易成本，要根据交易成本原则决定采取的公共选择方式。公共选择理论成为现代微观经济学的重要突破。公共产品理论的新发展方向之一就是公共选择理论，公共选择理论主要用经济学来分析、研究政府对公共产品的决策和选择，即非市场决策，公共选择的方式可以有公民投票、直接民主、代议制、集权式决策等，公共选择理论把政府本身理解为负责履行公共产品生产的特殊部门。这种理论与公共产品理论最大的区别同时也是其优点就是它不再把公共产品选择问题看成一个社会福利函数的最优化问题，而是将其还原为一个社会利益冲突问题。公共选择理论利用现代经济学的逻辑和方法来研究集体选择，这正是公共选择理论是经济学而不是政治学的原因。尽管名为"公共选择"，但其实质仍是建立在个人理性和个人选择基础上的。

蒂部特认为地方公共产品与私人物品一样，纳税人可以通过投票的方式自主选择地点，通过社区的自由移动可以使人群聚集到公共服务产品服务点，从而提升地方性公共产品的使用效率。

3. 公共产品理论的现实意义

公共产品理论是以边际效用价值与社会契约论为基础的，是以市场失灵作为研究的起点的，具有解决市场失灵问题、缓解社会矛盾等作用。目前我国经济正处于全面发展建设时期，政府是公共产品的主要供给者，但是完全靠政府的提供满足社会群众的公共需求是远远不够的。公共产品理论对中国改革的实践有很强的解释力和借鉴作用，1992 年，中央宣布逐渐建立并完善市场经济以后，公共服务状况得到了改善。但是"什么是政府应该管的，什么是应该由市场内在运行解决的"以及"政府如何才能管好"依然是一个重要持久的课题。从广义上讲，"制度""政策"也是公共产品，在中国过渡转型时期，运用公共产品理论分析制度变迁，分析市场与"公共选择"两种资源配置方式，尤其是对政府行为边界及其公共产品生产效率进行研究有很强的现实意义。改革作为一个制度变迁过程本身就是公共选择的结果。

公共产品理论的现实意义体现在产品的消费与供给上，由于现代经济的特殊性，公共产品既可以由政府提供也可以由私人提供。从社会发展考虑，应该引进市场机制生产提供公共产品，制定相应的激励机制以及竞争机制，使私人企业能够参与到公共产品的生产过程中，由此提升生产效率。通过引进不同的市场主体，不断树立正确的市场经营理念，可以实现公共产品的高效配置。

到目前为止，公共产品理论界还没有对产权的界定形成一致的看法，产权可以界定人们的利益以及受损内容，能够让人们对物品的用途有更多的选择。政府提供的公共产品中的部分产品具有私人产品的特征，公共产品不一定是由政府供给。产品的本质在于表现出所能满足消费者欲望的作用。有些产品是有一定的产权的，在进行产品使用消费时，要注意产品的产权。产权首先是所有权，是一种经济权利，主要作用是规范人与人在社会中的关系。在现代市场经济中，产权的合理界定能够有效克服资源稀缺带来的发展制约等问题，可以鼓励私人使用合理的方式不断开发利用资源，从而有效降低公共产品的成本，可以为更高级的经济活动提供足够的空间，使市场经济能够不断发展。要想真正掌握公共产品的概念，就要从公共产品的现象与本质入手，现象是事物外在的表现特征，本质是事物的内在联系。

4.新制度经济学与公共产品理论的现代发展

新制度经济学是以产权制度为主要研究对象的理论学派，与新古典经济学不同，新制度经济学是从公共产品的根本属性出发进行研究的，具有一定的外部性。新经济制度主要是从交易费用以及产权角度进行分析研究的。

公共产品理论是现代西方财政理论的核心，科斯通过不断举例得出结论，只有将利润最大化，才可以使资源达到最优化配置。经过交易费用以及产权理论的不断推广，公共产品理论可以用来显示政府与市场的关系。本质是区别其他事物的最根本依据，现象与本质是互相依存的，公共产品的本质不能脱离现象而单独存在。

随着公共产品理论的不断发展，私人供给公共产品的可行性问题得到了广泛关注。公共产品理论将受益区域的大小分为国家性公共产品以及地方性公共产品，地方性的公共产品还可以分为更多种类，为财政划分提供了重要的理论依据。根据公共产品理论意义提出了政府机制的规范化标准，为实际的财政机制提供了评判的标准。制度变迁理论是新制度经济学的一个重要内容，其代表人物是诺斯，他强调，技术的革新固然为经济增长注入了活力，但人们如果没有制度创新和制度变迁的冲动，并通过一系列制度（包括产权制度、法律制度等）构建把技术创新的成果巩固下来，那么人类社会长期经济增长和社会发展方向是不可设想的。总之，诺斯认为，在决定一个国家经济增长和社会发展方面，制度具有决定性的作用。制度变迁的原因之一就是相对节约交易费用，即降低制度成本，提高制度效益。所以，制度变迁可以理解为一种收益更高的制度对另一种收益较低的制度的替代过程。产权理论、国家理论和意识形态理论构成制度变迁理论的三块基石。制度变迁理论涉及制度变迁的原因或制度的起源问题、制度变迁的动力、制度变迁的过程、制度变迁的形式、制度移植、路径依赖等。

公共产品理论的主要作用是解决市场失灵的问题以及统筹城乡协调发展等，但从根本上讲，是不能根治资本主义社会尖锐矛盾的。技术水平对公共产品的纯度有很大的影响，纯公共产品具有消费的非竞争性以及受益的非排他性。技术的进步能够将不排他的产品转变为可排他的产品。公共产品理论对中国改革有着很重要的实践借鉴作用，通过对经济的不断完善，中国的市场经济体制改革有了很大的突破。

二、公平正义理论

（一）公平正义理论分类

1. 罗尔斯以平等为取向的公平正义理论

罗尔斯的公平正义理论是最具有影响力的公平正义理论之一，罗尔斯在收入与财富的分配功利主义原则问题上持坚决反对以及批判的态度。功利主义原则指只强调社会整体功利的最大化，而不去关注社会成员个体的福利获取，为了提高社会整体经济水平可以不顾公平原则。罗尔斯通过不断的论证后创设出了分配正义原则。在社会经济不平等的状态下，应该保证最少受惠者最大的利益；在社会机会公平的条件下，要将职务与地位向所有公民开放，其中包括了效率与福利的优先原则。公平的机会优先于差别的原则，在市场经济不断进步的状况下，财富与收入的分配无法做到相对平等，但必须保证公民的基本利益，人人都应该有就业、受教育的机会。罗尔斯并不是将社会经济的差别消除，而是要实行平均主义分配，他的公平正义原则具有人道平等的精神价值。在公平正义理论的约束下消除社会与经济的不平等，使每个人都可以从中获取应得的利益。罗尔斯追求的社会正义理论从实质上是一种平等与实质性主义的理想状态，而不是真正形式意义上的平等。社会基本结构以及社会制度是决定公平正义的关键，在罗尔斯看来，社会制度决定着人们的基本权利义务，能够影响到群众的生活状态以及未来的发展。在制度设置中必须对社会与经济的不平等现象进行限制，从中分析出合理的内容。罗尔斯认为，社会成员都有分享社会利益的权利，弱势群体有要求收入与福利平均分配的权利，罗尔斯的分配正义理论坚持在资本主义制度下实现分配的公平正义。但是罗尔斯理论是一种抽象的权利理论，因此在实现分配的公平正义过程中必定会受到资本强有力的制约。

2. 诺齐克的持有正义理论

诺齐克是典型的以权利为主要取向的自由主义者，也是程序主义论的发言人。他在公平与效率等问题上对罗尔斯展开了激烈的批判，他强调在社会经济领域中，应该贯彻自由原则，极度反对推行平均分配的做法。两者对立既是经济领域自由与平等哪个更优先的问题，也是效率与公平哪个更优秀的问题。诺齐克对罗尔斯的平等分配原则持反对意见，他把自由权利优先至上的原则贯彻到社会和经济利益的分配领域中，提出了持有正义的权利理论。他的权利理论的核心内容是个人权利论，他强调在有些事情上，任何人包括任何团体都不能侵犯个人拥有的权利。人们可以把权利作为采取行动的约束边际，他人拥有的权利决定了自身的行为界限。诺齐克把分配与生产联系起来，他认为分配与权利不是单纯的道德问题，而是权利问题，两者之间具有密不可分的关系。分配影响着生产，如何分配决定着生产的状况。

诺齐克提出的正义原则内容是能够获取正义原则的人是具有持有权利的，个人的权利通过转让依然是有效的内容。诺齐克认为持有的结果是否正义主要取决于获取的途径是否正当，是否经过公平竞争等过程得来的。假如每个人持有的都是正义的，那么社会的总体就是正义的。诺齐克还提出了对持有不正义矫正的观点，如果持有是以各种不正义的方式获得的或违反了正义原则，就应当对其进行矫正。诺齐克的持有正义理论是在基本权利概念基础上得来的，持有正义主要由拥有的权利决定。他认为分配不应该由当下的结果决定，而是应该由发展的过程以及目的决定。人们提出的分配正义都是比较模式化的，都是按照总的平衡来进行分配的，但却忽视了分配原则与个人权利。诺齐克的权利观点是分配应该与权利相关，任何分配正义都应该建立在权利的理论基础上，这才是真正的正义理论。诺齐克的权利取向的自由主义需要在社会经济中彻底贯彻自由原则，这在道德上是非常不合理的，并且在生活中也没有合理性。

3. 马克思的分配正义观

马克思认为，生产与分配之间具有不可分割的现实关系，分配不管在什么样的社会阶段都不可以随心所欲地进行，应该提出共同的规定融合到社会规则当中。经济学家在马克思的观点中又提出了全新的分配要点。马克思认为所有制只是一个生产的条件，生产是人在社会形式中对自然的一种占有，同时还需要一定的法律对所得物进行保护，不同的生产形式都有其特有的法权关系以及统治形式。社会的规律决定着生产者的产品分配份额，从而将生产与消费联系起来。分配不是独立存在的，是由生产的所有制决定的，土地与劳动等是生产的重要因素，是决定分配形式的收入源泉。马克思认为把生产与分配独立出来的思想本身就是错误的，任何形式的分配都不是对本身条件的分配，而是对生产条件的分配。将分配看成不依赖生产的东西本身就是错误的想法。分配作为一种权利，主要由生产条件以及生产要素构成，能够决定人们在生产中的关系与地位。因此，分配是一种经济权利关系。马克思坚持生产条件的所有权决定分配权的基础上又坚持了道德因素对分配的调节作用。在分配正义的理论方面，马克思的公平正义理论是超越与罗尔斯与诺齐克的。

马克思指出脱离生产方式与生产关系来谈公平是毫无意义的。分配权利本身就是要具体实现的，不是从抽象的道德观念中形成的。马克思提出在社会主义社会，要按劳动所得进行分配，按劳分配是劳动与分配成正比的原则，劳动者的分配平等应该由自身的劳动来决定。分配上的平等权利对不同的劳动是有不同的权利的，因为个人的天赋与能力的差别，权利不应当是平等的。由于每个人的劳动能力不同，人们依然存在一定的贫富差距。因此马克思反对运用抽象的公平原则，他在领导工人运动斗争中，对资本残酷剥削以及压榨劳动者的非人道行为不断进行抗争。他强调不同经济结构中生产方式对分配的影响。他不停在经济上斗争，追求所有制的变革，力图从根本上实现分配的公正。他认为收入与财富的不平等是因为机会的不平等，要限制社会对人的分配影响。他在适应历史发展规律的要求上继续追求更为深刻的社会变革，通过所有制的变革实现分配的公平正义。又要求社会应该更多地关注能力较低的劳动者，同时给予其相应的补偿，以让最少受惠者能够得到最大的利益。马克思在坚持生产条件所有权的前提下，坚持道德因素对分配的调节作用，从分配正义讲，马克思是权利与道德的辩证者。他从人类解放的视角进行思考与构建，实现了对传统正义的超越。

（二）公平正义理论及其实践

1. 公平正义是以人为本的基本要求

公平正义一直是思想家们关注的重点，对于公平正义的争议以及探索从未停止过。到目前为止，大家对公平正义的理解尚未达成一致，公平正义的许多理论还需要深入研究，尤其是在快速发展的时期，公平正义的研究对良性社会的构成治理模式有重要的促进意义。公平正义体现了社会对人的尊重，要求社会治理活动都应该构建一种肯定人价值与尊严的良性社会秩序。自古以来，中国就有以人为本的治国思想，儒家的很多思想家也有这样的民本思想。实现社会和谐是人类一直以来的共同理想。社会公正是和谐社会的基本内容，也是和谐社会可以成功的重要基础。实现真正意义上的公正，就要把公正作为社会主义的本质不断探索。

现代社会民本思想要求每个人都应该被公平对待，都应该受到尊重，由此才可以提升人的自由价值。对人的尊重主要体现在对待人的尊严价值中，对社会弱势群体的尊重就是社会的底线正义，提升弱势群体的价值预期就是提升他们社会中尊严价值的平均值。公平正义需要从多学科多角度进行综合审视，公平正义研究对人文社会科学是重要基础，能够有效推动社会学科的发展。随着时代不断进步，社会公正问题已经取得了很大的进展。人人机会均等的理念已经逐渐形成，国家已经慢慢转向机会均等的状态，并且得到了很好的发展。随着社会经济的不断进步，面对新形势与新变化，国家进入了重要转型期，为了充分体现群众的根本利益，要在和谐社会构建中把握好社会的进程，要不断扩大社会民主，使人民利益以及社会公平正义能够得到保障。公平正义是社会主义的重要核心价值取向，也是和谐社会的形成基础。目前国家正处于和谐社会的初级阶段，社会中依然存在不公平与非正义的现象，这些现象导致全体社会成员不能享受到社会发展的成果，因此构建和谐社会还需要多方的努力。

2. 公平正义是化解社会矛盾的根本因素

社会矛盾多发是国家转型期的重要特点，公平正义既是化解社会矛盾的根本因素，也是实现社会和谐的重要条件。随着社会利益机构的不断变化以及社会成员利益诉求的多样化，各种社会矛盾不断凸显，矛盾的表现特点主要为社会矛盾在经过局部地区的激化会产生极端的社会冲突，普通的社会矛盾会演变成极端的事件；社会矛盾演变成对政府的对立从而引发对公职人员的报复伤害；反社会情绪经过社会不公的刺激有所升级，出现伤害周边弱势群众的行为，这些社会矛盾中都可以显示出情绪的不满。社会公正是和谐社会的重要特征，公平正义的实现需要社会各方面地不断努力。社会和谐是人类一直追求的共同理想，和谐社会建设的价值基础是衡量社会文明发展的重要工具。公平正义是化解社会矛盾的根本因素，也是实现社会和谐的稳定基石。国家目前处在重要的转型期，随着社会结构的变化，各种社会问题不断凸显出来。公平正义强调的是公正与有效率等原则，正义的社会必须保证公民的基本权益，在此基础上再考虑市场的平均分配问题，因此公平正义是化解社会矛盾的根本条件。

公平正义是社会利益关系的主要平衡方式，实现公平正义可以缓解人群对社会的不满，但如何解决好社会的不公平问题仍然是现代社会需要探究的重要问题。在高速发展并且矛盾不断凸显的转型时期，公平正义研究构建良好社会治理模式有重要的意义，能够有效推进和谐社会的发展。公共产品理论是新政治经济学中的重要基本理论，也是公共服务市场化的重要基础理论。公共产品主要是由政府提供的，主要用来满足社会公共的需要。在市场机制下，决策者都有对价格体系选择的权利，以使自己的利益最大化。市场供求关系是影响公共产品价格的主要因素，通过商品需求与供给的过程实现。公平正义可以促进国家对公共管理的投入，以提升公共管理质量与效率，使社会的利益关系能够得到平衡。

3. 公平正义是政治、社会、经济层面顶层设计的指针

罗尔斯的正义理论中说到，正义原则是平等的自由原则，即人们所拥有的基本自由体系相容的平等的权利。差别原则在与正义的储存原则一致时，最少受惠者便能获得最大的利益。在机会平等的条件下，社会所有人都有竞选与选择的机会，这些正义原则正是国家制度层面进行顶层设计的重要基础。政治制度的公民权利也包括人身自由以及财产权利的保障，国家对平等自由的特别关注使公民的自由权利得到了保障，也为公平理论的创建提供了重要的理论依据。公平正义的观念在社会发展过程中具有很重要的作用，虽然众多学者对公平正义的理念的看法有所不同，但是公平正义是社会建设的重要基础这一理念始终是被接受的。公平正义在政治方面、经济方面以及文化方面都可以做到合理分配，是司法公正以及机会均等的重要条件。在社会不断发展进步的今天，公平正义依然是人们讨论的重点社会话题。公平正义是社会和谐的基本条件，只有实现公平正义，社会才会更加和谐。

目前社会中的公平正义原则强调的是公正优于效率，强调机会的公平原则优于差别原则，要求社会与经济层面的机会均等化，使公民都可以有公平竞争的机会，同时还要对弱势群体给予特别的关注。最少受惠者获得最大利益能够反映出社会对弱势群体的偏重，能够表现出补偿社会成员的平等愿景。社会的良性治理的主要目标就是实现公平正义，最少受惠者作为社会弱势群体仍然需要社会的关心与帮助，这也是实现社会公平正义的关键点。公平正义是人们不断追求的价值理念。实现公平正义涉及广大群众的基本利益，只有维护实现公平正义才会使社会不断进步发展。在和谐社会建设中，

要不断完善各项制度才可以使公平正义原则体现出来。要将保障制度以及公共财政制度等不断完善，使群众在政治与社会等方面的利益能够得到保障，同时也要引导公民行使自身的基本权益。随着社会体制的不断建立和完善以及各项政策措施的逐渐落实，社会会实现整体公平正义。

（三）中国社会公平正义观构建的问题及决策

1. 主要问题

随着社会经济的不断发展以及政治民主的广泛推行，社会逐渐形成了良好的发展机制。由于人们对自身权利与义务的明确与伸张，各种制度的弊端在社会矛盾中不断暴露出来，社会的不公平现象不断出现，引发了大众对社会现象的抨击。中国经济一直以来都存在发展不平衡的问题，改革开放后，部分地区受政治因素以及地域影响得到了很好的发展，从而使地区之间的经济有了很大的差距。经济发展的不平衡不仅会影响到民众的收入与生活质量，还容易引起民众的不满，使民众与社会的矛盾不断升级，从而影响社会公平正义的发展。发展过程中实现公平效率的统一以及维护社会公平绝不是一个抽象的口号，而是要将社会条件和可行的政策集合，满足公民对社会供应的要求，提升公民的满意度，就要将维护与实现社会公平作为和谐社会构成的基本途径，使其能够最大限度地提升社会物质水平，提升地区人民群众的生活质量。

第一，居民收入悬殊。居民收入水平直接关系到社会大众的生活质量以及发展状况，因此，构建和谐社会要根据居民的收入差距进行。收入差距主要体现在不同地区、不同行业、城乡居民收入等方面。促进社会公平、提升人们的福利待遇是深化改革的最终目的。随着社会经济的不断进步，人们对物质文化生活有了更多的要求。合理的贫富差距有助于调节社会民众的创造性以及积极性，相反，贫富差距过大会对社会的稳定与和谐带来一定的影响。从城乡收入的差距看，居民的收入差距逐渐扩大，目前已经成为社会经济发展过程中的主要矛盾。社会保障是政府实现社会公平的主要方式，建立健全的社会保障体系可以有效改善低收入群体的生活处境，能够有效缓解居民收入悬殊所带来的社会矛盾。社会保障应该通过社会福利以及社会养老保险等方面实施，社会保障制度要经过建设规划再进行分配。

第二，社会保障制度不完善。社会保障主要是由法律认可、国家强制实施的，通过合理分配公共资源与利益使国民收入能够再分配。社会保障是近年来受到关注最多的话题，由于我国人口数量庞大且人口结构复杂，社会保障的进程并不明显。从社会阶层分化失衡看，以经济分层为核心的现象正在逐渐扩展，阶层分化所带来的社会价值不平等现象正在逐渐显现出来。

2. 对策

第一，完善经济制度建设，缩小贫富差距。社会的经济发展水平是实现公平正义的重要前提条件，想要促进公平正义的实现就要保证社会经济的平稳发展，人民能够提升生活质量才可以使公平正义有效施行。公平正义是中国特色社会主义的内在要求，推动经济、教育等方面的公平就要推动政府创造良好的发展环境。在构建和谐社会过程中，必须树立公平正义观，在不同的社会制度下，要体现出体制中的公平观。要实现公平正义就要在理念以及政策上培养社会成员，使其能够认同社会客观存在的差异性。按照目前的经济发展趋势看，应当适当调整经济发展的策略，将区域经济统筹规划发展，逐渐缩小地域间的贫富差距，从而将财政结构逐渐优化。通过合理分配的制度不断实施，使社会服务的投入能够逐渐增加。加强国家再分配职能，使人民得到该有的尊重与保障，社会才有和谐可言。只有对社会成员的基本权利给予相应的保障，才可以使人的社会贡献得到肯定。由此才可以实现社会发展的基本宗旨。将社会建设放到重要的位置，加大财政的投入，不断完善社会管理，才可以使经济社会协调发展。

第二，完善社会保障制度，提高人民生活水平。社会保障制度的实施可以使公共利益与资源能够被合理分配，从而分配好社会各阶层的利益，由此才可以满足不同社会群体的需求，使所有公民都可以享受到社会的发展成果。社会保障制度是构建和谐社会与实现社会公平正义的重要措施。结合当前经济发展的情况，要注意提高社会保障应对社会问题的能力以及社会保障总体转移支付的水平，还要不断提高全民参与社会保障的参保率。公平正义使人们在物质以及精神上获得满足感，通过维护社会经济公平，可以体现出机会与收入分配的合理性，通过认识现状差别可以创造出更加美好和谐的社会。社会公正必须保证公民的权利与义务的实现。社会公正的调剂原则对和谐社会的构建有重要的推进作用，通过调剂原则可以使社会成员提升生活水平，增强自身的发展能力，实现整体化发展，还可以缩小社会成员之间的收入差距，缓解阶层之间的矛盾，使社会可以稳定运转。只有真正实现公平正义，实现人与人之间的真正平等，才可以协调好效率与公平的问题。政府要充分发挥调节功能，不断提高最低收入者的生活保障水平，落后地区要加大扶持的力度，使人人在经济发展中都可以获得更好的生活条件。公平正义是和谐社会稳定的基石，在经济发展的基础上要注重社会建设，使民生能够得到保障与改善。要不断推动和谐社会的建设，使人人都有学可上、病有所医，能够帮民众解决最根本的问题。社会建设的内容要根据社会群众的需求进行，使人们的基本生活都可以得到保障。

第三，开展公民主体意识教育，提高公民政治参与能力。公民教育是国家统一开展的，包括政治知识、价值观念等内容。想要实现社会公平正义就要提高公民的政治认知水平。通过公民教育能够使公民提升对政治权利的认识。展开形式多样的公民教育可以提升公民的文化素质，使公民逐渐提升权利意识与主体意识，公民在政治方面可以对政府政策的实施发表意见以及建议；在经济方面具有受教育权以及劳动权等。

三、福利经济学理论

（一）福利经济学的概念与特征

1. 福利经济学的基本概念

福利经济学又名规范经济学，是经济学中研究问题较多的一门学科。福利经济学可以系统地阐述在社会经济状况下社会福利的高低问题，也是研究不同经济状态下社会合意性的经济理论。福利经济学是经济学家霍布斯和庇古从福利的角度对经济体系运行进行社会评估的经济学，是借助稀缺性资源的使用评价判断经济体系增减福利的一门学科。国民经济总量增加是福利经济增加的主要源泉，因此增加国民收入是福利经济学的主要问题。国民收入增加就必须促使各个生产部门的配置达到最优状态。通常情况下效用与福利是等价的，但不可互相替代；个人的偏好一般不是由自身的福利决定的，而是受他人的福利状况影响的。社会福利是指社会所有成员福利的汇总，社会福利是社会成员福利的集合，也是社会成员共同的福利。用货币度量的社会福利被称为经济福利，其他的被称为一般福利。

福利经济学是经济学中分支较多的学科，具有一定的规范性以及实证性，福利经济学在经济学发展过程中出现得比较晚，早期的古典经济学主要以社会经济活动生产以及分配消费等作为主要研究内容，随着社会经济的不断发展、社会问题的不断增多，便产生了福利经济学。福利经济学是在多种思想学派的基础上形成的，其中最重要的哲学基础是功利主义思想，功利主义思想主要提倡利己的经济原则，认为公民应该不断追求自身利益最大化，社会要给予群众最大的福利。在完全竞争的条件下，竞争与资源的自由流动会在现实中产生各种不相等的社会纯产值。随着社会经济体制改革的不断深入，过去的社会保障制度以及福利事业的问题不断出现，对社会保障制度进行不断改革可以有效推动社会保障与社会福利的研究，能够使福利经济学在经济发展改革中不断进步。社会保障是社会发展到特定时期市场经济的产物，也是劳动力商品化的社会前提。社会保障能够保障劳动者的基本生存权，使社会秩序以及市场需求保持基本的稳定，还可以使社会生产体系正常运行，促进社会经济不断发展。

2. 福利经济学的主要特征

从福利经济学研究社会经济变动对社会影响的角度看，其是具有客观性的实证性分析，从福利经济学对社会经济政策的分析的角度看，其属于主观性的规范性分析。因此，福利经济学的研究具有主观性与客观性的特征。福利可以分成个人福利以及社会福利，个人福利是指个人通过物质生活以及精神生活所获得的满足，社会福利则是社会全体成员福利的总和，经济福利是可以用货币来衡量部分社会福利的。福利经济学更多被解释为将伦理与基础分析相结合的一种学科，通过福利经济学的特征可以看出福利经济学与道德科学之间的紧密联系。庇古福利经济学主要研究增进国家经济福利的主要影响，把福利经济学看成研究经济体系形态好坏的问题。福利经济学是组织经济活动的最佳方式，也是具有良好税收制度的理论。旧福利经济学中表示，个人福利可以用效用进行表示，社会福利是社会全体成员个人福利的集合，国民收入越高社会福利越大，国民收入与社会福利呈正比例关系。新福利经济学表示，经济学可以使用偏好来决定效用且具有主观性，经济学能够解决各种稀缺问题等。

福利是肉体或者精神上得到的满足，效用是消费者从消费中或者劳务中满足人欲望的能力。两者都具有不可替代性，但是也有不同点，个人偏好能够受他人福利的影响产生改变，比如，他人买房获得满足感，自己也会受到影响产生买房的欲望。非理性偏好会降低福利，但从物品属性中会增加主观方面的感受，如赌博会使主体产生愉悦感但会不断降低福利。福利经济学是西方经济学家从福利观点最大化原则出发对经济体系运行给予评价的经济学科，使用边际效应与基数论等建立福利的基础概念，以社会目标以及福利理论为主要依据制定经济政策。通过政府不断干预社会福利，能够实现资源的合理配置。

（二）福利经济学的产生与发展

1.福利经济学的产生

福利经济学是在功利主义以及新古典学派等思想基础上逐渐发展而成的。西方经济学界在19世纪后期发生边际主义革命，在过程中提出了边际效用价值理念，后来西方经济学逐渐转向边际原理资源配置效率方向的研究，以求可以将消费者与生产者的效益最大化。这也使收入分配合理化的相关问题受到关注。边际主义革命虽然促进了资本主义的发展，但却使物质分配差距逐渐增大，导致阶级矛盾的不断出现。福利经济学是经济学发展过程中形成较晚的一门学科，古典经济学的主要内容有社会经济活动中的生产以及消费问题等。随着社会经济的不断增长，社会阶层逐渐分化，贫富差距也越来越大，于是便产生了空想主义与功利主义等思想，福利经济学便逐渐形成。福利经济学是在多种思想学派的基础上发展而成的，其中具有代表性有约翰·史都华·密尔提出的功利主义以及新古典派经济学等学说，功利主义思想是福利经济学的构成基础，主要内容为提倡自由放任的经济原则、将利益最大化、社会要实现最大福利等。社会保障是人类发展阶段市场经济的产物，也是一个历史范畴，同时也是劳动力完全商品化的前提。政府向没有劳动能力的居民提供基本生存的权利，从本质意义上讲，保障社会群体的基本生活就是保障国民经济正常发展，保障社会秩序的同时还可以保障市场需求的基本稳定。

部分社会改良主义者为了缓和阶级之间的矛盾，提出了各种福利措施来缓解阶级矛盾，随着时间的不断发展，改良主义成为福利国家的理论基础。直到 20 世纪初期，多位经济学家共同提出福利经济理论，其中较为知名的是阿瑟·塞西尔·庇古（Arthur Cecil Pigou）对福利概念及政策作了详细的论述，这对经济学的发展有重要的促进作用。旧福利经济学是在基数效用假设以及人际效用的基础条件上形成的，主要表现在两个方面，即社会总福利的大小是根据国民收入的总量决定的，并且受分配结构的影响可以将社会福利最大化；社会资源配置的效率原则为资源合理有效配置以及指导原则，能够解决经济中的外部问题。改革开放后，中国经济发展得十分迅速，社会保障和社会福利事业中存在的各种缺陷也不断显现出来，国家由此将社会保障体制不断改革实践，大大推动了社会保障以及社会福利理论研究。福利经济学的教学与研究是在经济不断发展的过程中逐渐发展壮大的。在国家经济转型期，社会保障要不断降低劳动力的市场风险，发挥更加积极的作用；劳动力市场还需要对社会群体进行帮助引导，使其可以发挥更大的潜能；要将社会群体间的关系调节好，从而预防各种社会问题的发生，使社会工作者能够正常促进社会进步发展。

2. 经济福利学的发展

英国是最早由政府干预福利事业的国家，并且还以法律的形式将救济贫困转变为社会的公共责任，在当时形成了许多否定社会救济制度的福利经济思想，有些经济学家认为应该把人的利己主义作为经济研究的前提，把经济现象看成经济人活动的结果；还有的经济学家认为贫困是个人对抗社会失败和人口过度增长的结果。想要消除贫困就要抑制人口数量的增长，假如救济过度会使人口过剩，增加就业的困难。这时的经济学家普遍认为贫困是社会力量互相作用的结果，使得需要救济人的接受条件更加苛刻。经济学无法同政策保持分离，在对经济问题以及社会问题进行处理时，要从福利经济学的角度进行考虑。随着经济体制改革的不断深入，过去的社会保障以及福利事业的隐藏问题逐渐显现出来，从而形成了更加适合现代经济发展的社会保障体系（图1-1），社会保障体系的改革能够有力地促进社会福利的理论基础研究。社会福利度量方式的发展能够反映出社会福利的发展状况，社会福利度量是影响福利经济学研究的重要组成部分。公共选择理论是运用经济学方法分析研究社会问题的，从个体选择以及集体选择的关系出发分析社会性福利最大化的可能性，运用社会学原理分析政府决策方式可以探讨出政府决策的成本效益以及最佳运行模式。

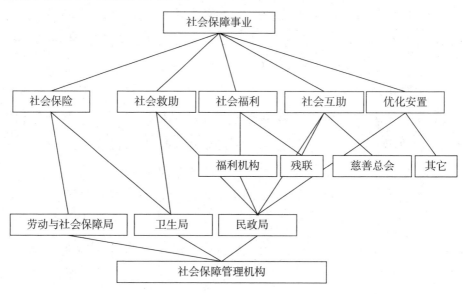

图 1-1　社会保障事业结构图

政府干预社会收入再分配的有效需求理论认为，为使生产与消费间的矛盾消除，就需要国家增加财政支出以及社会保障支出，不断干预社会经济活动，使社会保障制度能够成为政府宏观调控的工具。从资源配置角度讲，政府管理必定存在一定的效率损失。通过对社会福利经济理论的分析可以发现，福利经济理论的主要目的是实现社会经济高效率和社会资源的公平分配。福利经济理论政策的有效实施可以使经济效益以及收入分配等稳定增长，能够将社会经济福利最大化。公共经济理论是应用经济学中的重要学科分支，也是福利经济学的主要构成部分。经济学是主要研究财富怎样增长的、研究内容有价值的生产消费等规律的理论科学。社会选择的机制能够影响社会群体的福利，可以对社会政治以及经济的发展产生重要的影响。福利经济学作为经济学的重要组成部分，能够为经济理论的发展提供强有力的支撑，还可以为经济政策的制定与发展提供准确的评判标准。福利经济学是社会与经济政策方案选择的指导标准，也是社会文明进步的重要标志。福利经济学从一定程度上弥补了实证经济学的不足并且推动了经济学理论的发展。福利经济学的发展不仅对社会经济的发展有直接的作用，对其他经济学科也可以起到推动的作用。

（三）福利经济学的主要内容及应用

1. 福利经济学的主要内容

福利经济学是从总体效率以及总体福利出发对经济进行讨论分析的，主要分析资源合理配置和收入分配对社会的影响，并且可以提出实现社会福利最大化的方针政策。20世纪20年代中期对产权理论的分析为经济体制的效率分析提供了重要的理论基础。公共选择理论关于政府行为的经济研究为政府效率分析提供了重要的理论工具。收入分配最早出现在旧福利经济学的理论中，社会总福利的大小以及调整政策能够影响国民收入的总量，也能够影响国民收入在社会成员之间的分配。在这里我们可以将国民收入总量比喻为一块大蛋糕，其代表国家整体总收入，通过政府的分配和调整，保障社会收益的整体公平性。由于回避的边际效用，进行收入平均分配才可以最大化社会福利。福利经济学可以维护市场机制，也不会夸大政府干预的有效性。国民所得最大化是经济福利的物质基础，福利经济学始终认可市场机制对实现国民利益最大化的基础作用。通过认可政府调节可以有效减少市场调节失灵的负面影响。福利经济学还可以指出政府改善资源配置的局限性，能够肯定初次分配环节中市场力量的合理性，也能将市场机制难以均等化的现象呈现出来。政府市场主导型的提出，可以限制政府的分配有效性。福利经济学的主要研究对象是资源配置效率以及社会福利最大化等问题，为实证经济学提供了有效的理论指导。福利经济学要在多学科基础上进行研究，要运用多种研究方法才可以更好地运用福利经济学，从而使福利经济学不断发展。

功利主义者认为将收入实行平均分配才能最好，市场主义者认为提高收入分配市场机制分配效率才能最好，资本主义者认为财富应该集中向富人聚拢，才能发挥最大的经济效益。福利经济学的发展不仅对社会经济的发展产生直接的影响，还能对产权理论与制度经济学等学科分支起到一定的推动作用。福利经济学作为经济学中的重要学科，能够极大程度地推动经济理论的发展，并且可以为经济政策的制定和发展质量提供精准的评判标准，在社会发展以及经济提升过程中有重要的作用。福利经济学强调的效率基础也是公平福利的意义，效率意味着实现更高水平福利，能够对微观个体形成最有效的激励。在福利经济学中，福利最大化就是受益与成本比例的最大值，在福利经济学体系中，福利最大化代表在资源有限的情况下将资源配置效率提到最高。国民所得分配中均等化通过投资与储蓄等反作用于资源配置。福利经济学为促进福利最大化，强调以效率为基础。福利最大化状态能够使公平与效率达成统一。社会保障具有调节收入再分配的功能，能够有效促进收入均等化，福利经济学对公平与效率的阐释能够充实社会保障的理论基础。

2. 福利经济学的应用及影响

关于收入分配理论的争议，可以看出不同社会阶层之间的冲突以及利益之间的冲突。收入分配的研究关系到当代社会经济的发展，可以影响社会的和谐建设。社会福利度量的影响因素是福利经济学的基本构成部分。社会福利度量发展能够反映出社会福利发展的情况以及社会的文明发展程度。公共选择理论是运用经济学方法研究社会问题以及政府运行的效率原理，是从选择的关系出发分析社会福利最大化的可行性，探讨政府决策的成本与效益等问题。国家对社会保险以及安全设施的投入增加不利于个人积极性的提高，只有不断增加利润以及收入才可以使经济不断增长。对于社会群众来讲，福利最大化就是个人可以获得最大的满足感；对于社会来讲，福利最大化就是将资源效率提高到最理想状态。政府决策者将克服市场体制的缺陷作为公共经济政策的主要攻克问题。福利经济学理论使收入均等化过程汇总产生效率损失，社会保障政策设计要针对效率损失以及政府的资源配置进行考虑。福利经济学认为促进均等化的途径有可能损害到国民所得最大化的目标，政府在提升效率的情况下要大力促进收入均等化，使社会保障能够从政府改善收入分配中进行考虑。由于各种原因导致的市场失灵成为政府承担社会保障责任的理由，为了减少市场失灵带来的效率损失，政府在社会保障制度安排中要采取不同的方式进行适当干预。

公共选择理论是 20 世纪中期逐渐形成并且应用的一门经济学科，主要是运用经济学分析与研究社会选择问题，从个体选择关系出发分析公共选择理论的社会总福利最大化问题，运用经济学分析政府的决策方式可以形成最佳的政府运作规模，公共选择理论是福利经济学的重要根基。福利经济学作为经济学中的主要分支学科，能够为经济理论作出重要的贡献，也可以为经济政策的制定与发展提供重要的评判标准。福利经济学在社会经济发展中具有重要的作用，是社会经济政策方针选择的指导标准，也是人类社会文明进步的标志，可以弥补实证经济学的各种不足从而推动经济学理论的发展。自由竞争能够使社会经济福利最大化，完全竞争的市场体系可以增加经济福利的总额。在经济学领域中，福利经济学是最能体现经济学特征的学科，福利经济学是将伦理与技术分析相融合的学科。支持国民所得分配有利于社会底层的经济变化，能够提升其经济福利，通过肯定收入转移调整国民所得分配是很有必要的。从经济学角度讲，边际分析的方法能够将资源配置的原理应用到国民所得分配上，从而得出经济福利相关的理论，最终可以对经济体系进行社会评价。私人利益与社会利益会存在差异，为了改进资源配置效率，进行政府干预是很有必要的。

从福利经济学的发展过程看，福利经济学是以序数效用论作为主要分析工具，以追求福利大化最为主要目标的。福利经济学在发展过程中逐渐形成基本的精神，为了得到社会群众的普遍认可，福利经济学为社会制度的完善不断提供可实施的重要规范标准。福利经济学对社会的福利思想有重要的作用。对于国家与社会而言，提高社会福利水平可以使人们提高幸福水平，在现代社会中造成贫困的原因大多是由社会因素决定的。新福利经济学大多是对效率问题的研究，其中强调公平分配福利制度要从更加宏观的角度为社会福利提供理论支撑。

福利经济学要求国家实施福利政策并将其理论贯穿到国家经济过程中，财富收入趋于平等才能提升社会的总福利。福利经济学是以功用理论作为基础对社会福利最大化进行研究探讨的。与一般经济学不同的是，福利经济学政策的实行可以使国家经济增长更加稳定，但是由于价值规律的作用以及资源的稀缺，市场经济转型变革时产生了各种负面现象。市场在进行资源分配时太过强调物质资源的配置却忽视了对人才技术资源的配置，致使两极分化的现象，这也是大多数国家发展中遇到的普遍社会性问题。经济活动具有一定的规律，经济活动的自由发展有利于国民财富的提升，人们在经济利益追逐过程中会实现社会经济福利最大化。

福利经济学对现代社会福利的影响是非常大的，对民主制度以及政治过程的研究不断拓宽了社会群众对社会福利的认识，使人们逐渐重视社会与经济发展的公平问题。福利经济学的最终目标是实现社会福利最大化，并且将资源配置的效率提到最高。但是由于制度本身的限制，人们要在限定条件下实现社会效率最大化。从功利主义角度讲，福利最大化就是实现大多数人的幸福，是在有限的资源条件下将资源配置效率最大化。福利是一种利益也是一种好处，可以是有形的物质财富，也可以是无形的精神愉悦感。福利最大化对于个人而言意味着人们能够获得最大的幸福感，对于社会而言意味着福利资源分配效率达到最佳状态，社会群众能够在这样的分配形式中得到最大的利益，因此，许多国家把福利最大化作为市场经济政策的核心目标。福利具有影响性，在资源有限的情况下，根据分配规则影响他人的福利可能会使自身产生挫败感。但在完全竞争情况下，满足消费领域的边际条件就可以实现经济最大化，但是现实社会并不是处于完全竞争状态的，在不完全竞争下商品价格与边际成本相背离是不可能实现最大化的，此时国家就要使用政策引导产品按照边际成本进行定价，从而增加消费者的福利。福利经济学推动了政府对公平和效率的认识，使业界学者认识到了不同经济政策中的伦理难题。福利制度的完善要从社会福利思想基础中汲取精髓，使现代社会福利可以不断发展。

四、中国传统文化思想

（一）"天下为公"思想

"天下为公"思想最早源于我国古代春秋战国时期的儒家思想。《礼记·礼运》中描述了古人心中理想世界的样子，即能成就大同世界，天下就可以实现太平，没有战争，人与人之间友好相处，吃穿都很丰富充足，人们安定地生活，愉快地工作。"大道之行也，天下为公"，意思是在大道施行的时候，天下是人们所共有的；"选贤与能，讲信修睦"，意思是选拔品德高尚、能干的人才，这样的人才要讲究诚信，不欺瞒别人，营造和睦、友好的氛围；"壮有所用，幼有所长"，意思是中年人能为国家发展贡献力量，竭尽所能服务于社会，让年幼的孩子有可以健康成长的地方，还要好好教育年幼的孩子如何才能更好地孝顺父母，以及对国家忠心耿耿；"矜寡孤独废疾者，皆有所养"，意思是让老年人能终其天年，让老而无妻、老而无夫、幼而无父、老而无子、残疾人等不幸的人都可以得到社会的供养，生命中有所保障，国家应该设立功能多样的机构，收养这些不幸的人；"男有分，女有归"，男人应意识到自己的职务、本分和地位，为了国家和家庭，尽自己应该尽的义务；妇女也应该认识到自己的归宿；"是故谋闭而不兴，盗窃乱贼而不作，故外户而不闭"，这样一来，所有人都安定地生活，丰衣足食，就不会有人搞阴谋，不会有人盗窃财物和兴兵作乱，家家户户都不需要关闭大门了；"是谓大同"，意思是这就是大同世界，世界上没有自私自利的人，讲求公平，每个人都安和快乐，天下和睦太平。在上述这些大同思想当中，蕴含了很多政治方面的要求，如管理者需要具备高尚的品德和良好的才能，更好地负责公共事务，充分发挥自己的才能，做好自己负责每件事情，经济上各尽所能、各得其所，人人平等、互帮互助、友好相处等要求。北宋末年，农民起义首领方腊提出鲜明的政治口号以及政治主张，提出"是法平等，无有高下"，意思是世间一切人或事，都应平等对待，不应有高低贵贱之分，主张实现真正意义上的平等；"有甚贫者，众率财以助"，意思是大家积极为贫穷者提供财力上的支持。明朝末年，作为农民起义领袖的李自成提出"均田免粮"，意思是平均分配土地，不需要农民缴纳粮税。近代康有为在《大同书》中主张每个人都相亲相爱，互相帮助，每个人都处于一种平等的社会制度下，就好比大同社会。这说明中国传统文化中蕴含着追求社会公平的精神，与基本公共服务均等化的理念不谋而合。

（二）"民本"思想

在我国传统文化当中，"民本"思想是一个非常重要的思想。在《尚书·五子之歌》当中记载着"民惟邦本，本固邦宁"，意思是人民是国家长久稳定发展的根基，要想实现国家的长治久安，必须保证人们能够安定地生活，并快乐地工作。[①] 这充分体现了我国古代对"民本"思想的重视。在《孟子·尽心章句下》中，孟子指出"民为贵，社稷次之，君为轻"。意思是从天下国家的立场来看，民是基础，是根本，民比君更加重要。这一思想进一步强调了民众力量的重要性，这不仅是孟子仁政说的核心观点，还是孟子"民本"思想最具代表性、最明确的体现。在《荀子·王制》中，荀子提出"君者，舟也；庶人者，水也。水则载舟，水则覆舟"。这句话用舟与水的关系来形容君主与民众之间的关系，强调民众的力量是无穷的，既能拥护君主也能推翻君主。[②] "民本"思想主要体现为重视民众、体恤民众、爱护民众等，在社会关系的协调以及社会秩序的维护方面起着非常重要的作用。

---

① 刘皓秋：《儒家文化视角下中国传统评论中的伦理探究》，《国际公关》2019年第12期。
② 王杰：《富而后教：中国传统文化中的民生观》，《中国领导科学》2020年第1期。

这一思想将民心所拥护或反对的当作衡量政治有效性的重要衡量标准之一，这不仅是中国古代政治家、思想家主张治国理政的一项重要的核心价值思想，也是为了更好地维护和巩固统治，中国古代明君、贤臣提出的一种统治观。[③] 儒家思想非常重视"人"的作用，具有代表性的人文思想有孔子的"仁者，人也""民为邦本"等，孟子在吸收前人思想精髓的前提下，提出了"民贵君轻"的重要社会政治思想。这些思想都强调了民众是决定君主政权是否稳定的决定性因素，所以中国古代的君主必须善于听取民意，考察民间生产生活实情，多举措满足公众的需求。毋庸置疑，中国传统文化重要"民本"思想的提出与发展，对于我国当下基本公共服务均等化的建设具有非常重要的指导意义。

（三）"均贫富"思想

在中国传统社会中，一向倡导重农抑商的思想，孕育出了浓厚的均贫富思想传统。在春秋战国时期，晏婴对社会财富的平均分配作出了阐述，其在《晏子春秋·内篇问上》中提出"其取财也，权有无，均贫富，不以养嗜欲"，主张穷人和富人的赋税负担要合理，这就需要一国君王在征收赋税的过程中，要充分考虑民众所具备的负担能力，合理地区分穷人与富人，不可以让穷人变得更穷，富人变得更富，引发财富不均衡的社会现象。在《论语·季氏》当中，鲁国的孔子也提出了同样的思想，认为财政不稳、社会不安问题形成的根本原因是国家财富分配不均衡。在《管子·国蓄》当中，管仲提出"夫民富则不可以禄使也，贫则不可以罚威也"的政治主张，意思是人太富了利禄就无法驱使，太穷了刑罚就无法威慑，认为法令之所以无法有效执行，以及有效治理民众的主要原因是贫富不齐，批判了财富分配不均这一现象。商鞅认为国家要想对财富的占有进行平衡，应该通过政策法令的方式，一步一步地实现均贫富的政治愿望。在此之后，逐渐有越来越多的政治家、思想家表达了对财富分配不均的批判思想，特别是秦汉时期之后，由于

---

③　易刚：《中国传统文化与社会主义核心价值观的关系探究》，《毛泽东思想研究》2015 年第 4 期。

土地兼并的矛盾日益凸显，农民承担着越发沉重的赋税，社会中贫富差距逐渐拉大，导致阶级矛盾越来越尖锐。为了更好地维护统治者的利益，很多政治家、思想家采取了各种各样的政治措施来缩小贫富差距，消除贫富不均的现象，汉代董仲舒的限田法、西晋的占田制等都是比较有代表性的措施。虽然这些措施并没有从根本上解决贫富不均的社会问题，但是均贫富思想有助于社会稳定发展，以及阶级矛盾的缓解。除此之外，很多农民起义都将"均贫富"作为革命口号，如东汉末年的张角黄巾起义。北宋农民起义领袖王小波提出"吾疾贫富不均，今为汝辈均之"，意思是"我痛恨穷人和富人占有的财富不均匀，现在我替你们平均它"。这一思想观点表达了他对贫富不均之弊的痛斥。上述这些思想都反映了封建社会底层农民对封建剥削的反对，渴望实现共同富裕的思想。

第二章　社区托育服务分析

第一节　社区托育服务的相关概念

一、托育的内涵

托育旨在将婴幼儿托付给他人在特定时间内代为照护和养育，这里的"他人"一般指的是不包含婴幼儿的法定监护人在内的人，换句话说，是父母或直系亲属之外的人。托育的群体为小于 6 岁的幼儿，而 0—3 岁婴幼儿托育指的是对不超过 3 岁的婴幼儿进行照顾，照顾的原则是以保育为主、教养融合。从一定意义上来看，0—3 岁婴幼儿托育的主要目的在于为孩子营造温馨良好的成长环境，是面向 0—3 岁的婴幼儿，采取小团体机构模式，通过集体科学养育的方式，使家长享受到收托养育幼儿的服务，帮助孩子科学成长。

"育"是 0—3 岁婴幼儿托育工作的重中之重，主要表现为对 0—3 岁婴幼儿进行全方位、多角度的培养。育儿服务指的是从多领域入手，教授包括语言、艺术、科学、健康、社会等方面的知识，促进婴幼儿各方面的均衡发展，为 0—3 岁婴幼儿创设良好的教育环境，促进 0—3 岁婴幼儿早期认知、学习能力、情绪态度以及运动技能等多个方面的发展。

二、托育服务的界定及定义

（一）托育服务的界定

1989 年，联合国出台了《儿童权利公约》，其中对托育服务作出了明确的规定，即要求缔约国需要给予父母和法定监护人实质性的帮助，帮助父母和法定监护人更好地履行抚养子女的责任，与此同时，为了促进托育服务的发展，缔约国要在这方面作出更多的努力。为了更好地照顾儿童，缔约国陆续出台了针对性的相关政策，而托育服务是儿童照顾政策中非常重要的内容。

美国儿童福利联盟强调,托育服务是儿童福利重要的内容,在经济、健康、工作等各种因素的影响下,一些父母或法定监护人无法亲身照看学龄前儿童,这就需要为其提供家庭式或团体式的托育服务,使儿童健康发展需求得到充分的满足。

学术界普遍认为托育服务的功能众多,主要具有调节功能、替代功能以及补充功能等,这赋予了托育服务协助父母养育婴幼儿、促进婴幼儿早期发展的内涵。由此可见,托育服务被普遍视为家庭照料的完善与补充。

(二)托育服务的定义

根据目前学界广泛接受的定义,托育服务指的是家庭缺乏足够的照顾婴幼儿的能力,或者是家庭所具备的照顾婴幼儿的功能受到破坏,导致家长在一天中需要与婴幼儿分开一段时间,因此将婴幼儿交由专门的机构或其他人进行替代性照料的制度或机制。从某种意义上来讲,托育服务意味着对婴幼儿进行照顾的方式发生转变,由以往的以家庭为主的单独照顾转变为以机构为主的团体照顾。因此,托育服务能够有效地避免家庭照顾婴幼儿功能丧失的现象。很多国家和地区通过不断发展托育服务,满足了一些家庭照顾婴幼儿的需求,促进了家庭和谐稳定发展。在很多经济发达的国家和地区,托育服务不仅能满足一般婴幼儿的代替性亲人照顾需求,还非常关注学习障碍婴幼儿、身心障碍婴幼儿、发展迟缓婴幼儿等有特殊需求的婴幼儿,以协助婴幼儿更好地康复和发展。

总体来说,随着托育服务的不断发展,其不仅提供基本的婴幼儿照顾服务,还在此基础上关注婴幼儿不同方面的需求,再加之儿童早期发展理念和儿童权利已经被国际社会所接纳,托育服务基本上已经成为提供各种服务供给的总和,主要包括儿童早期发展需求、儿童日常照顾以及卫生督导等。

在此所讲的托育服务主要分为婴幼儿和家庭两个层面,其中,从婴幼儿层面来讲,家庭将婴幼儿委托给社会性的托育机构进行照料,主要包括公立机构和私立机构,这些托育机构可以为婴幼儿提供阶段性、暂时性以及定时性的教育和照看服务;从家庭层面来讲,托育机构不仅能提供教育和照看服务，还能对家长进行指导，通过讲座、上门服务等多种渠道，将科学的育人观念传输给家长，为家长开展高质量家庭教育提供一定的帮助。

三、社区托育服务的定义

2019 年，我国发布《支持社会力量发展普惠托育服务专项行动实施方案（试行）》文件，明确指出要不断完善普惠性社区托育服务设施，全力打造连锁化、专业化、嵌入式、分布式的社区托育服务设施。王鹏程（2019年）在研究中指出，所谓社区托育服务，是指以城市居民所属的居委会社区，或者是农村居民所属的居委会社区为中心，为社区居民提供的托儿所和幼儿园服务。[1] 苑航（2021 年）在研究中指出社区托育服务具有一定的普惠性意义，是依靠社会力量建设而成，以 0—3 岁婴幼儿为服务对象，为其提供早期教育、养育照护、托管等各种服务，还为家庭教育提供教育指导服务。[2] 结合学术界现有的研究，本书中的社区托育服务是指通过政府扶持、社会参与、市场运作，以社区服务为依托，专业化服务为依靠，以 0—3 岁婴幼儿为服务对象，向社区婴幼儿提供托管、早期教育以及养育照护等为主要内容的服务。

四、托育机构的内涵

（一）托育机构的定义

根据托育服务概念，托育机构可以理解为专门为 0—3 岁婴幼儿提供托育服务的机构，经过卫生健康部门备案以及相关部门登记，提供临时托、计时托、半日托、全日托等多种形式的托育服务的机构。2018 年，上海市政府颁布了《上海市 3 岁以下幼儿托育机构管理暂行办法》，其中对托育机构的定义作出了详细说明，即托育机构由事业单位、社会组织、个人或企业等

---

[1]　王鹏程：《社区托育服务对育龄妇女二孩理想生育意愿的影响》，硕士学位论文，华中科技大学，2019。

[2]　苑航：《0-3 岁婴幼儿家长对社区托育服务的需求调查》，硕士学位论文，河北师范大学，2021。

主体在本市行政区内创办，面向0—3岁的婴幼儿，为其提供以保育为主、教养融合的幼儿照护。本书中提到的托育机构主要指的是附属于幼儿园或独立的、专门的机构场所，主要面向的是0—3岁婴幼儿，具有早期启蒙教育、习惯养成、照料养护、潜能激发等功能。

（二）托育机构与早教中心之间的联系与区别

托育机构与早教中心两者间存在着联系，它们的服务对象都是0—3岁婴幼儿，前者的功能主要集中于为婴幼儿制定个性化的成长方案，以及照护婴幼儿、培养婴幼儿良好习惯、激发婴幼儿潜能以及早期启蒙教育等。而后者则是将重点放在了婴幼儿的教育方面。

在养教模式方面，托育机构和早教中心也存在着不同之处，托育机构的养教模式更加完善，能够为婴幼儿提供全日制托育服务，很好地解决了很多家长面临的孩子无人带、育儿难等问题，在满足家长托管需求的同时还能对婴幼儿进行科学教育。

托育机构的课程设置在要求方面要比早教中心更加全面，提供的托育服务也更加丰富、周到，除了一般的看护和育养服务，还包括对婴幼儿潜能的激发，为婴幼儿的成长与发展制定个性化、针对性的方案，同时还能为家长提供具有专业性、科学性的育儿知识和线上指导。而早教中心的课程设置主要是为家长更好地教育孩子提供有效的方法和策略，促进父母与孩子之间的友好交流与亲密互动，依托一些互动游戏促进婴幼儿的健康全面发展。

五、社区托育服务的特点

（一）便利性

社区托育服务的便利性表现在两方面：一方面是地理位置的便利性，婴幼儿家庭可以享受到来自所在社区所提供的就近以及快捷的服务，婴幼儿不出社区就可以享受到基本的照料或托育服务；另一方面是婴幼儿家长工作的便利性。在改革开放之前，单位给予了福利，只要婴幼儿出生满56天就可以享受托育服务，这为化解养育孩子和家长就业之间的矛盾提供了基本路径。但是随着传统托育模式弊端日益显现，公共托育资源越发紧张，以及受到私营早教市场混乱等多种因素的影响，很多家长只能选择辞职并留在家中照顾孩子，这就容易引发一系列的问题：不仅加重了家庭的经济负担，还给夫妻关系带来了巨大的挑战等。而随着改革开放的来临，社区托育服务获得了不断发展，逐渐出现了以社区为依托的家庭互助式托育模式，很好地化解了婴幼儿家长在育儿和就业之间的矛盾，婴幼儿家长可以选择重返工作岗位，或者是选择在家就业，即投身于相应的早期教育和保育等工作。由此一来，不仅使婴幼儿家长享受到更多的便利，还使社区家庭享受到诸多便利。

（二）多样性

社区托育服务的多样性特点，主要表现在以下三方面：一是社区托育服务形式的多样化，社区托育服务通过发挥社区共同体的优势，依托社区为不同家庭提供形式多样的服务，主要包括建立儿童活动中心、托育服务中心以及幼儿早期教育和发展中心等，为社区婴幼儿提供半日制、全日制及早期综合发展教育、入户指导、灵活托管等形式的服务，使不同家庭差异化的托育需求得到满足。二是社区托育服务对象的多样性，社区托育服务的对象是0—3岁的婴幼儿，无论是生活在城市的婴幼儿，还是生活在农村的婴幼儿，无论是留守儿童，还是家庭困境儿童，只要是0—3岁婴幼儿群体，就可以申请享受社区托育服务。三是社区服务内容的多样性，社区托育服务内容主要包括营养健康、科学养育、早期教育、安全保障等方面，社区家庭可以根据自己的实际需求，选择适合自己的社区托育服务内容。

（三）可操作性

社区开展的托育服务，经济成本比较低，政府投入少，制度门槛低，所以具有非常显著的可操作性。依托社区的托育服务，一方面可以充分发挥社区的能动性，另一方面还能实现对社区托育资源利用的最大化，大大地减轻政府、社会以及家庭的部分托育负担。从一定程度上来看，社区托育服务组织起来十分灵活，所需的运行成本不算高，有着良好的社会效益，特别是依托社区互助式托育服务，通过不同家庭之间相互帮助的方式，依靠部分基层政府的资金投入，再利用社会力量的支持，不仅能有效地节约政府管理社会的成本，还能在一定程度上缓解公共托育服务资源不足的问题。

六、社区托育服务的内容

随着居民经济条件的不断提高，以及育儿观念的改变，社区托育服务的需求量越来越大。社区托育服务能够解决婴幼儿的照看问题，使婴幼儿得到科学的养育。社区托育服务内容主要有营养健康、科学养育、安全保障、早期教育等。良好的社区托育服务不仅可以保障婴幼儿健康成长，还可以帮助建立良好的亲子关系，提升父母科学育儿的水平。

（一）营养健康内容

1. 婴幼儿成长发育所需营养素

人类最基本的生命活动就是摄取食物，通过进食获得人体所需的营养素以促进成长发育。蛋白质是婴幼儿时期成长发育过程中需求量最高的营养素，如果婴幼儿成长中缺乏蛋白质的摄入，会引发成长发育迟缓以及免疫力下降等现象，严重的还会影响到大脑的发育，影响以后成长。但摄入过多的蛋白质会增加肾脏负担。婴幼儿正处于大脑发育关键期，对 DHA 的需求量比较高，如果摄入量不足会影响大脑以及视网膜的发育。钙是组成骨骼的主要成分，婴幼儿正处于快速成长阶段，对钙含量的需求很大。如果摄入量不足并且伴随维生素 D 的缺乏容易引发小儿佝偻病，长期钙含量摄入不足还会引发骨质疏松症。钙含量摄入过多会干扰到婴幼儿对铁和锌的吸收。很多婴儿都会出现乳糖不耐受的阶段，社区托育中心在进行喂养时要选择不含乳糖的配方奶粉。针对成长发育迟缓的婴幼儿，要将饮食情况做好记录，将婴幼儿缺乏的营养素以及喜爱的食物增加到膳食喂养中，以满足婴幼儿的生长需要，提升生长速度。合理充足的营养供给对婴幼儿的健康有重要的影响。社区托育服务中心在制订婴幼儿食谱时，要根据婴幼儿不同阶段的营养所需进行。

2.营养性疾病防治

社区在开展托育服务时，对婴幼儿的饮食要注重营养均衡搭配，使婴幼儿能够健康成长。要做好预防工作，针对不同情况的婴幼儿制定适合的食谱方案，使婴幼儿能够在成长的不同阶段吸收到所需要的营养。铁是人体体内含量最多的微量元素，是合成血红蛋白的主要原料，氧的转换以及运送都需要铁元素的参与。婴幼儿对铁元素的需求量比较高，如果铁元素的摄入量不够会引起缺铁性贫血，抗病能力会下降，并且会出现情绪烦躁等症状。幼儿情绪烦躁表现为哭闹、不吃饭、大声喊叫等。但是铁元素的补充也要适量，铁元素摄入过多会引起铁中毒。针对缺乏铁元素的幼儿，要及时添加含铁丰富且吸收率高的辅食。锌对于婴幼儿的智力发育以及生殖功能有重要的作用，如果婴幼儿长期锌摄入量不足，会引发食欲下降、口腔溃疡等症状，严重的还会影响导致发育停滞。针对挑食的幼儿要注意纠正，使其可以营养均衡。婴幼儿由于生长速度快，对于营养的需求很高，但由于消化系统发育不够完善，营养摄入不合理会导致婴幼儿出现多种疾病。合理喂养能够促进婴幼儿正常生长发育，社区托育服务中心要合理搭配饮食结构，制订好每日膳食表。同时也要培养婴幼儿的健康饮食行为习惯，这对婴幼儿的感知功能的发展有重要的意义。

（二）科学养育

1.顺应婴幼儿发展规律

0—3岁的婴幼儿正处于生命的起步阶段，身心发育还不够完善，对自然环境以及社会环境的适应能力低并且生理机能发育也不成熟，意识的初步发展使婴幼儿的好奇心比较强。社区托育服务能够为婴幼儿提供生存与发展所需的环境条件。比如，将幼儿卧室打造成休闲、卡通趣味简单的生活空间，并为幼儿配备符合其心性的各类图案等（见图2-1）。通过精心照顾以及引导教育能够使婴幼儿获得良好的身心发育和独立生活的能力。在进行托育工作时要根据婴幼儿身心的发展规律制定托育方案，为婴幼儿提供好发展所需的外部条件，促进婴幼儿健康成长，科学养育是提高人口质量的先决条件。由于婴幼儿的生理发展不成熟，所有与生存有关的内容都需要成人帮忙照料，成人需要提供合理的营养以及舒适的环境才可以满足婴幼儿身心发展的基本需求。由于婴幼儿正处于生长发育迅速期，身体机能还能抵御外界众的有害物质，免疫力较低。因此对托育过程便要求比较严格，需要成人特别注意食品的健康安全问题。首先，0—3岁婴幼儿身体成长形态与植物的幼苗相似，具有发育速度快、机能脆弱的特点。因此，社区托育服务对0—3岁婴幼儿身体成长方面的培养，需要遵循以下两个规律。一是具有动态发展性。对待0岁的婴幼儿和3岁的婴幼儿，在养育目标、形式以及内容方面要有所区别。比如，对于2—3岁婴幼儿来说，他们学会走路的时间并不长，对待这一阶段婴幼儿的养育，要将重点放到学生身体平衡力、肢体协调性方面。而是注意安全性。这里提到的"安全"不仅仅是指婴幼儿磕碰、摔跤的问题，还包括运动损伤问题。如果不遵循婴幼儿身体发展规律对其进行超量训练，很可能会造成婴幼儿骨骼和肌肉过早出现"角质化"趋势，导致其身高无法达到常人水平，甚至会出现严重的骨骼变形。因此，根据0—3岁婴幼儿发展的生理学规律，社区托育服务必须掌握好运动的内容与形式。

其次，在心智成长方面，0—3岁婴幼儿的发展规律有以下两个特征：一是心理处于极浅层的无序状态。很多家长认为不超过3岁的婴幼儿的心理是以自我为中心的，但实际上这仅仅是一个外在表现，通常每个人要进入青春期之后自我意识才会真正的觉醒。不超过3岁的婴幼儿的心理是被动和主动交叉出现，被动表现为乖巧、听话，主动表现为任性、自我。因此，对0—3岁婴幼儿心理的引导，应当由无序过渡到有序，即教会他们如何进行自我认知和自我控制。例如，可以通过一些简单的游戏，或者构建一些小情景，引导婴幼儿学会分享、尊重他人等。需要注意的是，不要将幼儿阶段的思想品德教育引入社区托育服务内容中，因为他们基本是无法听懂的，反而会耽误婴幼儿心理教育的要点。二是婴幼儿思维以直觉行动思维为主。婴幼儿主要利用直观的行动和动作解决问题的思维，其在语言发育的基础上才开始向抽象逻辑思维发展，但这时仍是以直觉行动为主，概括水平相对比较低。例如，婴幼儿通过拖动桌上的布来获得他不能直接拿到的玩具。直觉行动思维离不开婴幼儿对客体的感知和互动，是婴幼儿早期出现的萌芽状态的思维。因此，社区托育服务的养育方式必须遵从婴幼儿思维发展特征，主要是采用直观的体验、感知性的方式，比如游戏、情景模拟、动手操作。无论是在社区托育环境设置中还是生活物品的选择上，都要注重物品的品质。

图 2-1　适宜的幼儿学习环境

2. 培养幼儿独立生活能力

婴幼儿因为年龄的关系，很多需求由于语言的限制难以表达清楚，需要借助动作、表情等进行表达。由于认知水平有限，婴幼儿对成人的行为语言也难以理解，2—3 岁阶段的婴幼儿由于自我意识的增强，会主动做自己喜欢做的事情。社区托育服务人员照顾婴幼儿时，要根据幼儿的年龄和成长特点培养独立生活的能力。在婴幼儿一周岁左右时便可以开始自理能力训练，可以先向婴幼儿发出简单的指令，如"拿尿布""擦脸"等，这个过程中，婴幼儿通过爬行或者蹒跚学步等过程不仅可以有效提升协调能力，还能够在简单的指令中，将物品与语言联系到一起，形成初期的语言系统。针对 2—3 岁的幼儿便可以开展自主进食的训练，托育人员可以先向幼儿演示拿勺子自已吃饭的动作，然后让幼儿进行模仿。幼儿通过自理训练，不仅精细动作得到了有效锻炼，还有效提升了自理能力。协调能力与精细动作训练能够有效刺激婴幼儿的大脑发育。社区托育服务机构要注重幼儿自理能力的培养，自理能力的形成能够提升幼儿的自信心以及处理问题的能力，对幼儿今后的生活也有很重要的影响。

（三）安全保障

1. 完善制度，保障安全

社区托育服务机构的安全工作关系到全体婴幼儿的生命安全，牵动着所有家长的心。要积极建设社区托育服务安全管理模式，在工作中不断积累经验，切实保障婴幼儿的安全。社区托育职工要树立安全第一的意识，不断加强安全知识的学习，从身边小事做起，时刻把婴幼儿的安危放在心上。社区托育服务机构要定期检查活动场所的安全设施情况，提供安全卫生的生活学习环境，托育机构出现安全隐患时要及时上报消除。托育机构要制定合理的安全工作制度，将安全职责明确到位以起到积极示范的作用。要定期开展婴幼儿体检活动，根据婴幼儿的身体状况进行托育内容的设定。社区托育服务机构负责人要不断提高教职工的安全工作意识，将一切不安全因素从源头上切断，以确保托育工作的安全开展。要建立社区托育机构安全预案，定期进行演习，如地震演练以及消防演练等，在危险发生时有带领婴幼儿安全逃离的方案。社区托育机构要把婴幼儿的安全放在首位，要不断加强安全教育，确保婴幼儿可以安全健康地成长。

2. 全员参与，用心观察

社区托育服务机构要将安全责任制落实到具体内容中。定期对托育中心的房屋结构以及线路安全进行摸排测试，防止意外的发生。对托育机构的教学设施以及生活设施的安全状况也要定期进行检查，避免婴幼儿在托育过程中遇到危险。托育机构的人员都要参与到安全保障过程中，对婴幼儿进行喂养以及训练时，要严格按照标准进行。在婴幼儿进食过程中，托育人员要注意婴幼儿的进食情况，防止婴幼儿出现呛到、卡到喉咙的情况，尤其针对月龄较小的婴儿，进食后要拍嗝防止婴儿吐奶引起窒息。由于年龄特性，婴幼儿在进行活动时没有危险的概念，因此，托育人员在带领婴幼儿活动时，要将场地的不安全因素排除，避免婴幼儿产生磕碰。婴幼儿在进行学习训练时，托育人员要注意玩具的安全性，防止婴幼儿将细小玩具零件塞到鼻孔或者口中。社区托育服务中心要不断为托育人员提供安全的培训内容，使托育人员的专业性能够逐渐提升，从而可以更好地为婴幼儿展开服务。

（四）早期教育

1.早期教育的重要性

早期教育的主要目的是开发婴幼儿的智力，使婴幼儿能够身心健康成长，早期教育的重点要放在发展婴幼儿智力以及个性品质培养上。0—3岁是最佳教育阶段，习惯的养成以及性格的培养都是在这一阶段进行的，成人正确的引导能够使婴幼儿形成良好的性格品质。婴幼儿时期是语言与思维发展的重要阶段，通过正确引导婴幼儿语言交流可以有效促进后期幼儿的语言发展。早期教育是婴幼儿身体平衡发展的重要途径，通过运动训练能够使幼儿的身体更加健康。每个婴幼儿会根据早教内容做出不同的反应，通过早教内容可以显示出婴幼儿的需求以及性格差异。早期教育能够使家长参与到亲子互动过程中，通过学习与游戏过程，家长不仅可以学习到正确的育儿方式，还可以有效提升亲子感情。针对婴幼儿早期教育，托育人员要根据婴幼儿的年龄段与发展规律以及婴幼儿的个体差异采取具有针对性的早教方式。在进行早期教育时，可以采取启蒙式或者游戏式的方法调动婴幼儿的情绪。

2.早期教育的主要内容

婴幼儿感官器官需要适当的刺激与锻炼才可以健康发展，良好的感知觉功能对婴幼儿的智力发展有重要的意义，婴幼儿早期教育主要包括感官教育、运动教育等，婴幼儿的感官功能以及运动功能需要外界的刺激以及适当的运动锻炼才可以得到良好发展。利用外界物质刺激婴幼儿听觉、触觉的过程中，会使婴幼儿对听、摸等行为形成一定印象，能够使婴幼儿对世界产生强烈的求知欲。托育人员在开展婴幼儿托育工作时，要根据婴幼儿的月龄制定科学精细的早期教育内容，使婴幼儿的身心都可以得到良好发展。早期教育有利于左右脑并行发展，婴幼儿的大脑正处于生长发育期，合理的开发能够激发巨大的遗传潜能。早教课程针对 2 岁以下的婴幼儿一般有肢体训练以及感官运动等内容，重点培养婴幼儿的精细动作以及注意力等，针对 2—3 岁年龄段的幼儿侧重情绪调节以及习惯规则培养等。幼儿时期的孩子求知欲与好奇心都特别旺盛，托育人员要细心观察、耐心倾听每一个孩子的要求，尽量满足幼儿的需求，使幼儿能够不断丰富生活知识、身心健康发展。

第二节　我国社区托育服务的发展

一、社区托育服务的发展历程

（一）诞生及初步发展时期

　　我国托育服务发展起步较晚，特别是社区托育服务模式，更是近些年才逐渐发展成型。谈及社区托育服务的发展历程，首先还是需要从托育服务的发展历程讲起。我国第一个托儿所是在 20 世纪 30 年代由上海中华慈幼协会设立的，是企业为劳工开设的实验性托儿所。这类形式的托育所构建相对较为简单，几张方形长桌，几条长形板凳，为幼儿提供饭食即可，年龄较小的幼儿则需要成人的看护。一直到 20 世纪 40 年代，公立示范性托儿所已经遍布多个省份。新中国成立后妇女逐渐得到解放，很多女性走出家庭参与到工作劳动中，因此，当时幼儿的托育需求急剧增长。经过不断发展，城乡地区建立了相对完善的托育服务体系，并且得到了政府的大力支持。大多数托育机构都是以工作单位等为主要依托，具有明显的福利性。一直到 20 世纪 80 年代独生子女政策的实行，对托育服务的需求量逐渐降低，托育服务体系逐渐退出群众生活。

　　回顾托育服务发展历史可以发现，我国托育服务经历了四次高峰以及三次低谷。第一次高峰期在 20 世纪 50 年代。当时正处于新中国成立初期，国家的建设以及资源的开发需要大量的劳动力，为了使大量女性可以投入劳动中，国家建设了很多保育机构，据统计，1951—1956年托儿所的数量从600多所增加到5 000多所，那时进入公立托育机构的婴幼儿数量非常多，短短几年时间由十几万增长到2 000多万，根据当时国家建设的特点，农忙托儿所和工矿托儿所的增长数量最多。当时的托儿所主要办理机构是企业单位中的工会组织，是为工人专门提供的社会性福利。当时国家出台了有关托育的政策方针并对托儿所以及幼儿园的管理等问题做出了具体的规定（表2-1）。规定中指出，托儿所以及幼儿园的发展要重点放在工业地区以及城市中，农村地区实行自愿原则，可以由合作社办理季节性托育服务。随后由于国家经济发展遇到了较大的困难，托育机构伴随着社会的变化也难以为继。托育服务发展进入了第一个低谷。

表2-1　新中国成立初期托儿所以及幼儿园管理政策

颁布时间	名称	颁布机构	重要表述
1951年	《中华人民共和国劳动保险条例》	中央人民政府政务院	各企业工会基层委员会得根据各企业的经济情况与职员的需要……办理疗养所、业余疗养所、托儿所等集体劳动保险事业
1952年	《幼儿园暂行规程（草案）》	教育部	减轻母亲养育幼儿的负担，使母亲有时间参加政治生活、生产劳动、文化教育活动等
1956年	《关于托儿所、幼儿园几个问题的联合通知》	教育部	应当按照"全面规划、加强领导"和"又多、又快、又好、又省"的方针，根据需要与可能的条件，积极兴办托儿所和幼儿园
1958年	《关于教育工作的指示》	国务院	全国应在三年到五年的时间内，基本上完成扫除文盲、普及小学教育、农业合作社社有中学和使学龄前儿童大多数都能入托儿所和幼儿园的任务

（二）高峰期及低谷期

20世纪70年代，社会经济得到了缓慢发展，幼儿教育事业也进入了新阶段。这个时期国家连续出台了多项托幼服务内容，并且建立了托育服务体系（表2-2）。国家强调社会要重视婴幼儿的发展，要将托育事业作为社会性事业来发展，要贯彻以保为主和保教并重的方针，要逐渐提升儿童的体格、品德、智力等，为国家的发展打下良好基础。当时的民办托儿所很受欢迎，很多民办托儿所收托方式灵活多样，能够满足不同家长的需求。受国家政策影响以及群众的实际需要，托育服务迎来了第二个高峰期，当时托育服务是保障劳动力的重要措施，很多妇女在产假结束后就把婴幼儿放到单位的托育机构中继续开展工作。但是由于越来越多的企业单位以及街道社区不断地开办托育服务，给企业的发展带来了一定的影响。这一时期托育服务体系的建立主要还是依靠集体的力量，托育服务主要还是由企业单位自行解决，因此，很多企业单位开始施行托育承包制，很多经营不善的托育机构逐渐关停。随着社会主义市场经济的确立，很多企业单位的社会职能逐渐萎缩，企业单位开办的托育机构数量逐渐减少，托育服务再次进入低谷期。

20世纪80年代初，由于改革开放带来的经济活力对劳动力提出了更大规模的需求，为了配合妇女就业，全国政府、单位、街道等大力开办托育机构以提升劳动生产力，当时的婴幼儿入托率迎来了第三个高峰期。直到20世纪80年代末全国范围内的福利制度逐渐瓦解，当时国家要求要做好国有企业减员下岗分流等工作，要在国有企业改革发展中取得成效，大量的工人面临下岗的局面，单位福利制度逐渐瓦解，使人们缺少了生育照料的支持。政府对托育的投入又严重不足，在对幼儿园进行统计管理时并没有将托育机构纳入其中，也没有具体的管理条例的出台以及政策的补贴，很多企业停止提供托育服务，使托育服务体系进入了第三次低谷期。与前几次低谷期不同的是，托育服务系统逐渐消失的另一个原因是受到计划生育政策影响。国家独生子女政策的实施使很多家庭都是一孩的状态。与之前的抚育方式不同，由于很多家庭都是一个孩子，不舍得将孩子托付给托育机构，大多由老人帮忙照顾或者母亲专职照料，直到 20 世纪 80 年代末期，很多托育机构面临生源不足的状况，这便导致了托育机构的快速消亡。

表2-2　1970—1999年托育服务体系

颁布时间	名称	颁布机构	重要表述
1979 年	中共中央、国务院转发《全国托幼工作会议纪要》的通知	国务院	为办好托幼事业，必须提高保教人员的政治觉悟和业务水平。要提高她们的社会地位，关怀并切实帮助她们解决具体困难。对于长期从事保教工作成绩优秀的应予表彰。
1980 年	《城市托儿所工作条例（试行草案）》	卫生部	托儿所是 3 岁前儿童的集体保教机构，必须贯彻实行以保为主、保教并重的方针
1981 年	《三岁前小儿教养大纲（草案）》	卫生部	提出托儿所教育工作的任务，培养小儿在德、智、体、美方面得到发展
1987 年	《国务院办公厅转发国家教委等部门关于明确幼儿教育事业领导管理职责分工的请示的通知》	国务院	托儿工作对提高中国人口体质有重要意义，对此要予以重视和加强；幼儿教育既是教育事业的一个重要组成部分，又具有福利事业的性质
1994 年	卫生部、国家教委关于颁发《托儿所、幼儿园卫生保健管理办法》的通知	卫生部、国家教委	提高托儿所、幼儿园卫生保健工作质量，保证儿童的身心健康

（三）现代发展新时期

近几年，由于人口出生率逐渐下降，国家不断放开生育政策，使托育服务的第四次高峰初现端倪。但是由于现代年轻人的生活压力较大，生育政策的实施效果并不明显。为了提振人们的生育热情，巩固政策成果，国家开始借鉴发达国家的托育经验，不断出台托育服务政策，以引导职业妇女生育，并且鼓励企业单位以及社区开办托育服务。据调查，一线和二线城市的婴幼儿家长对托育服务的需求比较强烈，由于大部分家庭都是双职工家庭，妇女产假结束后就需上岗，便出现婴幼儿无人照顾的状态。

随着社会逐渐老龄化，退休年龄不断提高，很多老人无力照看婴幼儿。从市面上的托育机构数量上看，根本不能满足家长的需求，很多幼儿园不招收 3 岁以下的幼儿。部分托育机构以及早教市场的质量参差不齐，托育质量得不到保障。在此背景下，社区托育服务模式应运而生。将幼儿的托育服务交给社区，既能够增加工薪阶层的父母接送孩子的便利性，同时又能够保障幼儿的健康成长。而且因为相互共处于同一社区，所以对于幼儿的托管相对更具保障性。然而，社区托育服务是在近几年逐渐发展起来的，无论是从托育资质还是经验方面，尚存在一定的欠缺和不足。而且社区托育服务的开展也是因地而异，甚至因社区而异。在这种情况下，就需要从现实角度出发，加强我国对社区托育服务模式的构建和完善，逐步优化社区托育服务水平，进而为社区托育服务工作的有效开展提供更多保障。当然，这需要一定的时间进行摸索和尝试。

自党的十九大以来，我国开始着力推进教育公平，办好学前教育，普及高中阶段教育，努力让每个孩子都能享有公平而有质量的教育，实现"幼有所育、学有所教"。我国召开的中央经济工作会议提出，要解决好婴幼儿照护和儿童早期教育服务问题。在《"十四五"公共服务规划》中，我国政府对于托育服务的发展进行了说明，明确了"努力实现每千人口拥有 3 岁以下婴幼儿托位数从 2020 年的 1.8 个提高到 2025 年的 4.5 个"的具体目标，这也表示未来我国会持续向着优化社区托育服务的方向继续发力。由此，托育服务的重要性再次被强调，社会各界对托育服务的关注度得到进一步提升。在提高整体思想重视程度的基础上，我国也针对社区托育服务工作的开展进行了具体的方向规划，明确了国家、市场、社区、家庭等主体在婴幼儿照护中的角色和作用。由此可以看出，新时代托育服务体系发展将开始向着社区和家庭的方向发力。虽然其中提及了国家和市场，但是这主要还是从方向引导的角度出发，政府依然处于社区托育服务的主导地位。

国家将婴幼儿照护服务纳入经济社会发展规划，加快完善相关政策，强化政策引导和统筹引领；地方政府从实际出发，综合考虑城乡、区域发展特点，根据经济社会发展水平、工作基础和群众需求，有针对性地开展婴幼儿照护服务。市场和社会主要发挥补充作用，充分发挥市场在资源配置中的补充作用，梳理社会力量进入的难点，采取多种方式鼓励和支持社会力量开办婴幼儿照护服务机构。支持用人单位以单独或联合相关单位共同开办的方式，在工作场所为职工提供福利性婴幼儿照护服务，有条件的可向附近居民开放。社区和家庭居于开展托育服务的核心，前文已经阐明，家庭托育本身就属于社区托育的一部分。在这个过程中，我们要发挥城乡社区公共服务设施的婴幼儿照护服务作用，做好社区婴幼儿照护服务设施与社区服务中心（站）及社区卫生、文化、体育等设施的功能衔接，支持和引导社会力量依托社区提供婴幼儿照护服务。

二、社区托育服务的发展现状及应对策略

随着国家生育政策的不断放开，社区托育服务成为人们生活中的热点话题。社区托育服务不仅可以缓解居民的育儿压力，还可以使婴幼儿得到专业的照顾与教育，提升人口整体素质。但由于目前国家没有针对社区托育服务的法律法规，社区托育服务得不到有效开展。托育服务是否应该纳入公共服务体系中，社会目前还存在较大的争议，社区托育服务的发展由于受到诸多因素的影响，有效施行的效率并不高。政府应当发挥好引导作用，推动托育服务工作有序开展。

（一）社区托育服务发展现状

1.社会托育服务缺位

改革开放以来，国家以经济建设为中心，对社会托育服务的关注有所欠缺。在这样的背景下，很多家庭福利没有受到相对的重视，民众的基础育儿问题得不到解决。随着现代人口生存压力逐渐提升，育儿过程已经成为最大的问题之一，从而导致生育率逐年下降。伴随着国家生育政策的不断放

开，很多家庭都处于"想生不敢生，生了没空管"的状态。社区托育服务是结合国外发达国家托育经验总结出的社会性托育服务模式，可以解决现代的育儿问题，能够有效缓解父母的压力。但是由于目前国家还没有标准的社区托育服务供给福利制度以及创建标准，社区托育服务供给处于严重缺位的状态。据调查，目前托育服务发展缺少明确清晰的定位，并且由于有关部门法律法规以及相关政策的缺位导致职责不清；公办托育服务逐渐呈现萎缩的状态，公办幼儿园又不招收3岁以下的幼儿，导致0—3岁婴幼儿没有享受托育服务的机会；虽然社会上有很多私人托育机构提供托育服务，但由于国家没有相关的法律法规以及技术标准，使托育人员资质参差不齐，托育平均质量堪忧。

2. 社区托育服务发展无章可依

现存的托育服务有多种主导模式，在服务理念以及服务方式等方面也是不尽相同。由于国家没有与托育相关的规章制度，社会上的托育服务水平参差不齐。部分托育服务员工和育儿师都并不具备职业资格，也没有相关的学历资质，使托育的质量与水平都得不到具体的保障。很多家庭父母对机构的托育能力持怀疑的态度，社区托育服务得不到有效展开。由于托育服务发展无章可依，使托育服务的总体目标不明确，部门职责没有清晰的定位标准，导致托育机构的建立以及服务标准得不到提升，社区托育服务发展受到很大的限制。托育服务是否纳入公共服务范畴目前存在较大的争议，社会作为托育服务的主体的理念还是没有完全普及。政府引导与推动托育服务发展等方面需要进一步加强。长期以来托育服务机构建设未纳入城乡规划体系建设中，并且托育服务机构工作的展开缺乏法律依据以及行业准则，不能满足人口增长以及市场经济结构调整的需求。面对较大的托育需求，拥有资金能力的市场主体以及具有经验的专业人员想要提供专业的托育服务，却因为没有相关部门的批准而无法实施。各种原因导致社区托育服务难以开展。

（二）社区托育服务现状应对策略

1. 建立健全相关规章制度

由于国情以及文化传统的不同，我国在制定托育服务发展政策法规时，不能完全照搬其他国家或者地区的成功经验。要将国外相关理论与国内的托育需求相结合，制定出适合国情发展的托育服务法律法规和相关政策。要尽快出台有关托育机构的相关管理规定，提升民办托育机构的专业性。要明确教育部门为托育服务的相关内容，并将托育人员培训与管理以及托育机构硬件设施等方面的内容明确。托育机构的管理工作涉及很多部门，因此需要将各个部门的职责任务以及工作内容等进一步明确到位，同时也要使部门之间互相配合协调，使托育服务工作可以顺利开展。将卫生部门以及教育部门作为托育服务机构的主管行政部门，发挥督促管理的作用。目前社会上的托育机构还比较少，公办托育园供不应求，民办托育园费用又太高，由此导致诸多父母陷入两难境地。一些企业单位为了解决职工幼儿的托管问题尝试开办托班，但由于企业单位的能力有限，3岁以下婴幼儿的托育问题还是需要社区的参与才可以解决。要将监管机制进一步确立，城镇街道以及居民社区可以利用公共资源创设社区托育服务，为周边居民提供托育服务，通过财政支持和政策支持等方式鼓励社会力量设置社区托育服务看护网点。通过考核评估等内容对社区托育服务地点进行定时考察，并且还要根据相关的管理制度对其进行监督，可以有效提升社区托育服务的质量。社区托育服务的开展能够有效减轻父母的育儿焦虑与成本。政府要重视社区托育服务的政策实施，以填补托育服务供给的空缺。

2. 逐步完善政策体系

国家应该不断完善托育服务发展的政策体系，逐渐规范托育服务发展模式。同时也应该放宽托育政策限制，让有经验有资质的个体单位能够开展托育服务，拓宽托育服务市场从而满足居民的育儿需求。要公平对待民营托育机构并借助财税等途径进行扶持与引导，使民办托育机构能够在国家帮扶下顺利发展。通过不断完善托育服务管理体制，要将制度内容逐渐落实到区域托育服务工作中。政府要定期协商解决托育服务中的主要问题，提升综合管理能力。对于开展托育服务的企业，国家要提供政策支持并给予适当的经济补贴，使企业的托育服务质量可以有效提升。加强托育服务综合监管，要求各部门加强对托育机构的检查指导等工作。同时也要明确各部门的管理职责，建立日常检查机制以及行业自律机制等，从而提升对托育机构的综合监管能力。要加强立法研究，建立并完善与婴幼儿托育服务相关的法律法规，使托育服务能够在法治保障下可持续发展。在制定托育服务标准规范时，要将服务内容以及设施配置准入标准以及适配条件明确到位，使各托育服务网点均能规范化发展。要使监管部门加大对现有托育机构的监管力度，建立动态观察以及抽查机制等，完善常态化监管，使托育机构能够不断提升服务标准与服务质量。由此才可以有效推动婴幼儿托育服务有序展开。

3. 加强托育服务供给

国家应明确托育公共服务的地位，要不断加强托育公共服务的供给以及构建公共托育服务体系，使婴幼儿都可以享受到公共托育服务。托育服务体系的建立关系到社会可持续发展。推动托育服务体系的形成要增加服务供给，加大人力、财力的保障力度，将规划布局到具体地方，将具有相关资质的优秀托育员工编制到体制内，保障托育人员的福利待遇。社区托育服务的实施，能够有效提升妇女的就业率，能够有效推动经济的发展。托育公共服务的实施能够有效降低育儿压力，提升生育率。托育服务体系是政府的责任，应该将其纳入公共服务体系中。要不断推进托幼一体化工作，鼓励公办幼儿园开设托班，大力开展社区托育机构，使居民能够就近享受托育服务。目前社区托育服务存在着发展不平衡以及托育服务质量低等问题，导致无法取得家长的信任。政府要给予更多的重视与投入，根据地方的实际需求适度放宽入园限制条件，同时要充分调研及早出台相关的政策以吸引社会资源增大对托育的投入。城市规划中对新建住宅应该由政府进行强制性指导开发，将托育服务配套到机构场所中，由此提升社区托育的入园率。实施多元化社区公共托育服务是目前社会双职工家庭主要面对的育儿问题，有效解决公共托育问题就能大力提升生产力。对于社区托育机构必须加强规范管理，将监管责任与综合监管机制工作落实到位，使托育服务能够有序开展，让有需求的父母在社区内就可以享受到安全又方便的托育服务。

4.提升托育服务质量

针对目前托育服务供给能力不足以及质量参差不齐等现象，政府在促进发展提升数量的同时，要规范行业管理以及保障托育服务的质量。为提升托育服务的质量，要加大托育服务人员的培训力度并且规范入职标准，使托育服务人员能够具备更高的专业性。托育机构并不是只承担照护的工作，还要满足幼儿心理发展的需求。良好的早期教育能够使婴幼儿拥有健康的身心，托育人员在学习时必须认识到高质量托育服务的重要性，要遵从婴幼儿的发展规律以及发展需要进行照顾与教育。婴幼儿的发展不仅需要满足其生理上的需求，还需要满足心理上的不同需求，托育人员要具备良好的耐心与足够的爱心，给予婴幼儿更多关爱，才可以使婴幼儿健康发展。政府也要不断展开职业道德、安全教育等相关教育工作，对托育人员的工作内容进行测试评估，逐步提升托育人员的职业资格标准，使托育服务行业的质量逐渐提升，从而提升家长的信任度，增加社区的入托率。加强机构质量评估、提升服务质量能够保障高质量托育服务的实现。要建立国家层面的托育质量评估体系，以促进各类机构规范发展。还要积极引入第三方评估系统，使评估结果更加科学。要以促进托育发展为主要导向，加强对托育评估结果的运用，使托育服务内容能够呈现多元化，根据评估过程以及评估结果逐渐完善托育机构的质量。

国家要不断加强社区托育机构的指导与日常管理，在促进托育服务市场规范化发展的同时，提高监管能力。要建立托育服务机构评价机制，形成社会监督，使社区托育服务能够逐渐规范。要灵活运用公共区域进行建设，创设良好的社区托育环境，使居民就近解决婴幼儿的托育问题。同时也要不断优化社区托育环境，提升相关人员的专业素质培养，使社区的托育服务质量能够逐渐提升。不断提升托育服务的公益性和惠普性，开拓多元经费的投入渠道。通过不断健全财政支持，社会有力地补充经费投入，让普惠性托育服务惠及更多家庭。中央财政要充分发挥财政保底的积极作用，通过设立托育服务项目，利用现有机构建设具有公立性质的普惠性托育机构。通过多元化的激励政策，可以推动国有企业单位以及个人等力量参与其中。同时也要切实促进提升托育服务的整体质量，加快构建人员资质标准，健全托育服务质量保障体系。

第三章 社区托育服务课程、活动及条件

第一节 社区托育服务课程

一、社区托育课程开展原则

（一）培养幼儿兴趣

托育服务的对象是0—3岁的婴幼儿，在开展托育课程时不能期望婴幼儿用意志力来努力学习，要根据婴幼儿在课程中呈现的状态以及反应进行教学。孩子越小大脑的可塑性就越大，婴幼儿时期的孩子学习欲望比较强，会在生活中将捕捉到的所有信息记忆到大脑里，因此托育人员要根据宝宝的发展需求设定课程内容以培养宝宝的兴趣。宝宝只有对课程内容有一定的兴趣才会更加喜欢学习，并且兴趣爱好的养成对今后的成长发育有很重要的影响。兴趣是婴幼儿精神发育以及主动学习的原动力，兴趣的形成也是婴幼儿心理发展的重要内容。婴幼儿如果对某些事物感兴趣，会产生强烈的好奇心，无论是在有意识阶段还是无意识阶段，都会不断对事物进行探索。但如果婴幼儿对所呈现的事物没有兴趣，会停止思维想象，甚至产生负面的情绪。婴幼儿处于无选择探索期，面对新鲜的事物都会产生浓厚的兴趣，因此托育人员要在这个时期向婴幼儿灌输正面的事物内容，使婴幼儿可以形成良好的性格与品格。婴幼儿阶段的心理发育情况能够直接影响到未来的发展，早期教育不仅可以培养婴幼儿兴趣，对婴幼儿智力以及心理的发展也有重要的影响。社区托育人员在开展托育服务时要认识到兴趣对婴幼儿成长的重要性，要制定适合婴幼儿身心发展的方案。

（二）课程内容生活化

托育课程内容要贴近生活，要以日常生活中的知识为主要内容，针对婴幼儿的年龄设置不同的学习内容，使婴幼儿的认知能力逐渐提升。比如，在游戏过程中，可以将玩具的颜色、形状等信息讲给宝宝听，一岁以下的宝宝虽然不太会讲话，但通过大量的输入会形成一定的词汇量，为今后的语言表达打好基础。生活式托育内容可以在婴幼儿的饮食、游戏等过程中进行传达，通过生活中常见的物品与行为让婴幼儿学习。比如，在给婴幼儿穿衣的时候可以说："宝宝，把你的小胳膊抬起来，我们来穿衣服啦。"教师拉起宝宝的胳膊说："这是你的小胳膊，我们先把胳膊伸到衣服袖子里。"宝宝便会知道"胳膊""袖子"等名词，多次练习以后再穿衣服时，就会主动伸出胳膊。托育人员可以把身边的玩具、生活用品等生活中常见的物品作为婴幼儿感知世界的工具，通过不断引导婴幼儿的行为，不仅能够满足婴幼儿的探索欲望，还能提升婴幼儿的感知能力。对生活中常见物品的学习，能够有效培养婴幼儿形成良好的生活习惯，良好的习惯能够促进婴幼儿身心健康发展。

（三）课程内容富有教育性

婴幼儿在发育阶段中最喜欢是行为模仿，托育人员可以借助这一特点示范动作行为，让婴幼儿模仿。托育人员要传达正确的语言动作，以发挥教育性，让婴幼儿在模仿过程中能够明白什么行为可以做、什么行为不可以做。所谓的教育性并不是强制性地让婴幼儿做什么课程内容，而是根据婴幼儿的发育需要提高婴幼儿对生活的了解，建立辨别事物概念。托育人员通过对事物正确的处理方式能够让婴幼儿在模仿中逐渐积累生活的经验，并可以避免发生不必要的伤害。比如，在引导婴幼儿玩耍时，托育人员可以在婴幼儿面前演示不小心被桌角碰到的样子，通过夸张的疼痛表情让婴幼儿理解在爬行或走路过程中要注意避让桌角以免造成伤害。婴幼儿年龄较小，如果托育人员直接告诉婴幼儿各种知识道理，婴幼儿是难以理解的，只有托育人员通过事物产生的后果向婴幼儿演示出来，婴幼儿才会理解。教育性的训练不仅能有效开发婴幼儿的情商和智力，还能锻炼婴幼儿的事物辨别能力。托育人员在向婴幼儿提供托育服务时要根据婴幼儿的年龄段设置不同的教育内容，婴幼儿的智力才能够得到不断开发。不同年龄阶段有不同的心理发展要求，托育服务人员要根据不同类型的婴幼儿开展有针对性的指导教育。

二、社区托育课程介绍

（一）启蒙教育

启蒙教育能够激发婴幼儿的探索欲望，培养婴幼儿探索世界的积极性。针对月龄较小的婴儿，可以采用视觉以及听觉启蒙法，托育人员可以采用红色或者黑白色的玩具或者卡片在距离婴儿30厘米左右的范围内慢慢移动，使婴儿的眼睛可以跟随玩具或者卡片移动，婴儿的眼睛跟随物品移动的过程可以有效刺激眼部的发育，提升眼球的灵活性。在进行听觉启蒙教育时，托育人员可以使用专用摇铃等玩具在婴儿旁边发出声音让其寻找，由此训练婴儿对声音的识别能力。还要经常用亲切的语调与婴儿讲话，使婴儿形成良好的情绪与发声欲望。婴儿的手部、面部等比较敏感，在进行触觉启蒙教育时，可以提供不同质地的材料或者玩具让婴儿感受，从而训练婴儿的触觉能力。通过丝巾、玩具的刺激，可以使婴儿有不同的触觉感受，由此才可以激发婴儿对世界的探索欲望。良好的运动功能可以促进婴幼儿感知觉的发育，思维能力以及注意力等在运动功能基础上才可以进一步发展。在进行启蒙教育时，也可以拉着婴儿的手脚进行有节奏的运动，简单的动作可以刺激婴儿产生运动的欲望。社区教育要针对婴幼儿的发展顺序开展适量的运动训练，也要加强智力概念的学习。在进行卡片识别游戏时，托育人员可以根据卡片物体内容发出不同的声音，吸引婴幼儿的注意力，通过以上启蒙教育内容使婴幼儿在启蒙阶段能够逐渐对各种事物产生浓厚的兴趣。

（二）感官与数学教育

0—3岁是婴幼儿学习知识行为的快速发展期，婴幼儿在成长过程中有内在的敏感能力，在这个阶段婴幼儿会对某种特定的行为产生主动探索的欲望，能够不厌其烦地学习。婴幼儿在敏感期急切需要正确科学的教育内容来满足生长的需要。因此社区托育服务人员要认识到婴幼儿身心发展的需求，制定符合婴幼儿发展规律的课程体系。在进行启蒙教育时，就可以将数字、唱歌等内容融入课程中，让幼儿对数字有一定的了解。三岁以前的婴幼儿主要是靠感官认识世界的，两岁以后的婴幼儿开始进入感官发展的重要时期，通过视觉、触觉等外界刺激传递给大脑信息然后再传递给感官系统，从而使婴幼儿产生思想理解各方面的能力。感官的发展先于智力的发展，专业的感官教具能够促进婴幼儿的思维发展，也为之后幼儿学习数学做好准备。以感官教学为基础，通过活动内容对数学知识进行分析，培养孩子的逻辑思维。比如，在进行数木棒游戏时，为了让婴幼儿认识 10 以内的数字，就要使婴幼儿利用视觉与触觉掌握并理解数量之间的关系。在过程中要先让婴幼儿认识数量，托育人员可以先向婴幼儿演示，通过一个一个数的方式，告诉婴幼儿数字名，然后可以让婴幼儿自己学习数数，托育人员在旁边帮忙数，这样婴幼儿便会慢慢明白数字的用处。多次练习后再进行数数游戏时，幼儿便会自己进行简单的数数。

（三）艺术和音乐教育

通常人们认为早教艺术就是让婴幼儿学习传统的艺术，显然这并不太现实。由于婴幼儿年龄较小，在进行艺术类教育时，要遵从婴幼儿发展的天性，让婴幼儿在接受艺术教育过程中快乐地学习，享受艺术带来的乐趣，从而激发出更多方面的潜能。婴儿从出生开始就会辨别音符和音律，经常训练的话这方面的能力会有所提高。早教音乐不仅能安抚婴幼儿的情绪，还能促进婴幼儿大脑发育，并且产生有益于身心发育的健康激素，在陶冶情操的同时还能够激发婴幼儿的各种智慧潜能。婴儿对特殊频率的声音比成人更加敏感，随着年龄增长，这种听觉能力会逐渐下降。因此，托育人员在对婴儿进行照顾时，要认识到这个时期的听力重要性，要根据婴儿的月龄播放一些轻柔缓和的乐曲，以促进婴儿的大脑发育。婴幼儿生来就有很大的潜力，智力开发的空间是巨大的。社区人员要充分意识到婴幼儿这一时期的特点，设置不同的艺术音乐课程刺激婴幼儿大脑的发育，使婴幼儿的智力能够得到不断优化。合理的音乐训练能够促进婴儿听觉、思维的发展，学习音乐还能够提升记忆力，思维与记忆力的提升都可以影响婴幼儿之后的学习效果。通过打鼓等乐器的演奏还可以锻炼肌肉以及培养婴幼儿的协调能力。

三、社区托育课程的意义

（一）提升婴幼儿体能

婴幼儿的发展是以身体健康作为主要支撑的，婴幼儿阶段正是身体发展的关键时期，游戏是婴幼儿最喜欢的基本活动，对于婴幼儿的身体发育有重要的促进意义。游戏也是婴幼儿实现与外界沟通的桥梁，不同游戏对婴幼儿的智力开发有不同的影响。从婴幼儿体能方面看，将体能锻炼与游戏充分结合可以有效促进婴幼儿的身体发育。体能游戏是将肢体锻炼与游戏相结合的一种特殊游戏，是根据婴幼儿发展规律进行的。根据婴幼儿的年龄设置不同的活动内容，通过体能锻炼能够有效推动婴幼儿爬、走、跑等动作的学习。体能训练能够使婴幼儿的肢体更加协调，动作更加灵活。托育人员在对婴幼儿进行体能训练时，要根据婴幼儿的接受能力循序渐进地进行，要提前了解婴幼儿的身体素质情况，做出具体的体能规划，要保障婴幼儿的基本安全才可以进行。比如，在爬一爬游戏过程中，教师可以在目标地放置一些婴幼儿比较感兴趣的玩具，然后进行爬行比赛，对于爬行较快的婴幼儿要做出及时表扬，对爬行速度较慢或者身体不太协调的婴幼儿要注意引导，要让婴幼儿学会手脚并用，托育人员加以帮助与鼓励，由此才可以使婴幼儿身体协调发展。

（二）提升婴幼儿智力

婴幼儿时期是大脑发育最快的时期，在这一时期，如果能够按照心理发展规律给予一定的感官刺激，能够使大脑神经元大幅度增加，配以适当的教育方法可以促进神经发育，使智能潜力得到很好的激发。在社区开展托育服务时，要以儿童保健医生为主要指导，托育人员与家长共同配合，促进婴幼儿身体健康全面发展。婴幼儿的智力发展水平是由自身行为特征以及环境质量互相作用决定的，生命早期神经系统有着很大的可塑性，最容易受到外界环境的刺激与影响，提供适宜而丰富的托育环境可以有效促进婴幼儿大脑的发展。大脑属于不断发展和成长的中枢神经，其具有较强的记忆功能，但是这需要一定程度的刺激，且保证刺激的持续性，才能够不断促进大脑的发展和发育。制订托育智力提升方案时，要针对婴幼儿的年龄进行，通过对婴幼儿听视觉的刺激与运动训练，刺激相应脑区的健全与协调发展，使婴幼儿的智力水平能够逐渐提升。婴儿在出生时便有几十亿个神经元，有的神经元负责基本的生理活动，有的神经元要靠后天的刺激才能被有效激发使用。合理的托育内容可以有效激发婴幼儿神经元，神经元的不断开发可以有效提升婴幼儿的智力。比如，婴幼儿时期经常接受古典音乐和古诗文熏陶的孩子，在学习时期的记忆力会比同龄人要高出许多，理解能力以及表达能力也会更加优良。这些都是由于婴幼儿时期的神经元被大量开发所导致。因此，早期托育教育对婴幼儿的智力开发有很重要的作用。

（三）提升婴幼儿心理能力

据研究，心理发育是早于身体发育的，因此社区托育服务要注重早期教育对婴幼儿身心健康的影响，制定适宜的心理教育内容使婴幼儿身心都可以健康发展。婴幼儿的心理发育与大脑发育是同步的，0—3岁是大脑以及心理发展的快速时期，良好的教育可以促进婴幼儿脑结构和心理结构的快速发展。婴幼儿在这个时期的经验行为容易获得较高的水平。社区托育教育抓住这一时期婴幼儿发展的特点，制定适宜的课程体系，使婴幼儿的身心都可以得到良好发展。良好的托育教育可以促进婴幼儿认知以及性格的形成，并且还可以提升婴幼儿的环境适应能力。托育教育要根据婴幼儿发展规律以及身心特点进行，要注意采取科学的方法，不能揠苗助长。针对不同发展时期的婴幼儿要采取不同的心理发展方法，要根据婴幼儿心理的发展规律培养幼儿的性格以及促进优良品质的形成，使幼儿能够在今后的学习中发挥自己的能力与优势，更好地适应社会环境。对于不同类型的婴幼儿要有针对性的指导与教育内容，社区早期教育能够为婴幼儿的心理健康发展奠定良好的基础，社区在开展托育服务时要认识到托育服务工作的重要性，要不断学习专业的育儿知识，提升托育人员的专业性，更好地提供优良的托育服务。

第二节　社区托育服务活动

一、社区托育服务活动内容

（一）生活活动

托育服务生活活动一般是指婴幼儿生活需要的活动，主要包括进餐活动、睡眠活动等。托育人员要遵守科学依据为婴幼儿制定合理的日常生活安排。比如，针对较小月龄的婴儿可以先展开安抚工作，然后再进行喝水、进食、拍嗝等活动，然后就可以带领幼儿进行听视觉等活动，睡觉时间到了就要让婴儿准备睡眠，婴儿睡醒后便可以开始各种抚触与音乐活动。婴儿睡觉时，托育人员不能擅自离开，要做到巡回检查，观察婴儿的睡眠情况，避免发生窒息的情况。托育人员定期为婴儿修剪指甲，以免发生抓伤情况。在为婴儿洗澡时，托育人员要采取好保暖措施，提前准备好盥洗衣物，并调节好合适的水温，洗完后要及时擦干保暖。托育人员在照顾婴幼儿大小便时，除了要提醒婴幼儿定时排便，还要观察婴幼儿的大小便情况，如有异常要与家长及时联系。由于婴幼儿抵抗力较低，托育人员在照顾时一定要注意消毒卫生的问题。

针对月龄稍大一点的婴幼儿就可以适当增加活动内容的难度，进食时托育人员要先带领婴幼儿洗手，通过托育人员的示范要让婴幼儿学会正确洗手，饭菜要放在专用桌子上以方便婴幼儿进食，要使用婴幼儿专用餐具，以免进食时发生危险。进食期间要保持幼儿情绪愉快，专心进食，可以让进食较慢的婴幼儿先吃，托育人员在婴幼儿进食期间不能呵斥训骂，要对进食习惯不好的婴幼儿慢慢引导，使其掌握自主进食的方式。并观察婴幼儿的进食情况，要采用随吃随添的进食原则，培养婴幼儿养成良好的进食习惯。对胃口小或者挑食的婴幼儿要多加鼓励，使婴幼儿能够逐渐提升饭量。婴幼儿睡眠前，托育人员说话要轻声，保持环境安静，婴幼儿脱衣时要注意关窗保暖，以免引起疾病。为婴幼儿穿衣时要考虑婴幼儿的舒适性以及保暖性，要根据季节温度变化及时为婴幼儿增减衣物。为了让婴幼儿养成良好的生活活动规律作息，托育人员要根据婴幼儿的年龄设置不同的指导方案。

（二）游戏活动

托育游戏有很多种，大致可以分为创造性游戏与结构游戏两类。创造性游戏是婴幼儿主动创造反映现实生活的游戏方式，主要是婴幼儿自主玩耍，主要包括角色游戏与表演游戏等。角色游戏是婴幼儿通过角色扮演，模仿想象反映现实生活的游戏，是婴幼儿通过现实情景以逼真的动作与语言扮演角色的过程。表演游戏是指婴幼儿按照童话故事中的情节扮演角色展现文化作品内容的游戏形式，表演游戏具有多样性，其中包括故事表演以及歌舞剧等，是婴幼儿比较喜欢的游戏形式。表演游戏的特点是比较灵活，婴幼儿可以改变故事中的语言、动作等，也可以使用玩偶等物品进行表演。通过表演游戏，婴幼儿可以更好地理解故事的思想内容，培养婴幼儿的理解能力以及语言能力。结构游戏是婴幼儿使用结构材料构成物体的一种游戏，主要材料有积木、橡皮泥等。结构游戏是通过婴幼儿的想象创造性反映周围生活的游戏，主要特点是变化多样，能够有效提升婴幼儿的操作能力以及创造能力。婴幼儿在构造过程中能够将生活中的印象反映到构建作品中，由此可以提升婴幼儿的空间概念。

托育人员要做好游戏活动前的准备，在活动前要制订好游戏活动的计划，要提前布置好创设的环境以及材料。要不断检查游戏材料的安全性，遇到破损的玩具要及时修补更换。并且要保持游戏场地的清洁卫生，将危险因素提前排除，以确保婴幼儿活动的安全性。游戏开始时托育人员要加强巡逻检查，遇到危险或者不卫生行为要及时制止，以免产生安全隐患。游戏过程中托育人员要观察婴幼儿的游戏以及身体状况，针对体能较弱的婴幼儿要适当调整活动量。托育人员在游戏过程中要做好组织工作，确保游戏可以有序进行。托育人员在游戏过程中要具体观察婴幼儿的游戏状态，可以针对不同年龄的婴幼儿进行游戏过程指导。游戏结束时要以适当的语言与动作结合情景结束，然后要提醒婴幼儿按照规则收纳整理玩具，最后组织婴幼儿洗手、如厕等。

（三）教学活动

托育教学活动针对的是0—3岁的婴幼儿，由于这个年龄段的婴幼儿生长发育速度较快，教学活动的内容便涉及多个区域。针对0—12月的婴儿就要开展听觉、视觉、触觉等方面的训练，让婴儿可以提升对世界的感受。可以让婴幼儿尝试各种味道与气味，用不同材质的物品触碰婴幼儿，让婴幼儿感受不同材质的触感。1岁以后就要开始发展交往能力。托育人员要有计划、有目的地让婴幼儿接触其他婴幼儿或者成人，并鼓励婴幼儿在他人的注视下表现自己，由此不仅可以提升幼儿的自信心，还可以有效培养婴幼儿的语言表达能力，为之后的人际交往打下良好的基础。2岁开始就要培养幼儿的观察提问能力，可以在身边的日常环境中培养幼儿的观察能力，并对幼儿的提问做出合适的回答，让幼儿能够将物与概念对应起来。由此慢慢引导幼儿进行提问，加强其对世界的探索欲望。

语言是思维的主要工具，在婴幼儿早期教育过程中，要不断增加语言的信息量，只有将足够的语言输入婴幼儿的大脑中，才可以使婴幼儿的思维能力得到提升。托育人员也可以根据婴幼儿的发展状况进行阅读教学，可以使用故事绘本等增加婴幼儿的语言输入量，并且将故事中的内容与生活中的事物结合起来。由此才可以使婴幼儿在积累大量语言基础的情况下提升思维能力。社区托育服务中心也可以开展亲子教学活动，让家长参与到教学活动中来，教学活动内容与家长的有效参与，不仅可以提升幼儿的专注力与兴趣，还可以提升亲子之间的关系，还能让家长在教学活动中学习到正确育儿的方式。亲子教学活动在开展时，要先确立好教学目标，整理好要使用的资源，提前了解好家长的育儿背景以及幼儿的发展需求，由此才可以使亲子教学活动顺利开展。

二、社区托育服务活动的意义

（一）促进婴幼儿生长发育

婴幼儿的各个器官正处于发育阶段，对于外界的适应能力以及抵抗能力还比较差。因此，开展托育服务活动可以有效提升婴幼儿的身体素质，托育机构要根据婴幼儿的生长规律设置各种活动内容以提升婴幼儿的体能。适当的活动可以提高婴幼儿呼吸器官的机能，在活动锻炼的同时，身体各部位的肌肉的运动也在增加，呼吸器官的肺活量会加大。运动时呼吸会变得慢而深，由此呼吸系统的功能会得到逐渐提高。适当的活动还可以增强消化系统的功能，在进行活动锻炼时身体的新陈代谢会加强。能量的消耗量会增大，使婴幼儿的食欲增加，能够摄取更多的营养物质。消化系统会因为消化腺的分泌增加提升肠道吸收的能力，由此可以促进婴幼儿的生长发育。在进行活动锻炼时，肌肉有规律地收缩放松会使心脏加强收缩力量，促进血液循环。婴幼儿的体温调节能力还不够完善，对外界温度的耐受能力还比较差，通过活动锻炼的冷热刺激能够使婴幼儿的皮肤和呼吸道受到锻炼，从而增强体温调节能力，由此便增强了婴幼儿对外界环境的适应能力。神经系统是人体各部位的指挥中心，活动锻炼的增加能够使器官系统多次地重复建立起条件反射，条件反射的形成可以有效促进神经系统的发育。活动锻炼为婴幼儿的生长发育奠定良好的基础，社区托育人员在制定活动内容时要结合合理的营养摄入以及细心护理，使其达到良好的活动效果。

（二）培养幼儿自理能力

幼儿习惯的养成需要有耐心与恒心，要在活动中让婴幼儿逐渐掌握生活基础技能。2—3 岁的婴幼儿身体基本动作逐渐发展协调，逐渐显示出自理的愿望，在展开活动时托育人员要多提供锻炼的机会，不能一味地服务婴幼儿。托育人员要认识到自理能力的重要性，要根据婴幼儿的发展需求制定适宜的活动内容。社区环境是重要的教育资源，通过环境的创设与利用能够有效促进幼儿的发展。在创设活动环境时可以根据主题要求进行布置，让婴幼儿在环境中感受到实现生活自理的成就感。习惯的养成需要托育人员慢慢引导，不能太过于着急，否则会打消婴幼儿自理的积极性。婴幼儿在操作过程中由于缺少生活经验难免会出现帮倒忙或者添麻烦的现象，托育人员此时不要迁怒于婴幼儿，要慢慢引导婴幼儿，通过亲身示范等方式让婴幼儿了解到正确的过程，让婴幼儿能够在反复锻炼中逐渐养成自理的能力。对于婴幼儿自理能力的养成，托育人员要多鼓励少指责，保护好婴幼儿做事情的积极性，并且善于捕捉幼儿的闪光点，对于有进步的婴幼儿要及时表扬，让婴幼儿能够在做事情的过程中提升自信心。如此婴幼儿才会享受到成功的乐趣，从根本上爱上劳动。托育人员在开展活动时要注意活动内容的安全性，为婴幼儿布置任务时要选择没有危险系数的、容易操作的，这样才可以保障婴幼儿自理活动的顺利进行。

（三）培养婴幼儿的生活习惯

　　婴幼儿时期是人生的最初阶段，是培养健全心智的时期，也是养成良好习惯的时期。重视引导婴幼儿的生活习惯养成会使其受益终身。很多婴幼儿在托育环境中，由于对新环境的不熟悉会产生不稳定的情绪，导致暴露出很多生活方面的自理问题，甚至还会出现攻击性行为。托育人员要正确示范并及时地引导，让婴幼儿养成良好的生活习惯。可以制定良好的生活规范，让婴幼儿在日常活动中循序渐进地遵循。由此婴幼儿的行为习惯会有明显的改善。托育人员要根据婴幼儿的现状给予婴幼儿一定满足，对于生活中的不良行为要及时制止，要在不断的引导过程中形成和睦友爱的环境。适宜的环境能够引导婴幼儿自主参与习惯的养成过程，社区要根据婴幼儿的活动情况创设相应的环境，使婴幼儿和家长都可以参与其中。社区也可以根据幼儿需要创设多个主题区域，如娃娃区、玩具区，托育人员要教会幼儿自己整理玩具与照顾娃娃的方式，让婴幼儿能够在自己喜欢的区域内互相合作，展示自己，这样不仅会提升婴幼儿的自理能力还可以有效提升婴幼儿的自信心。在日常生活中，托育人员要对婴幼儿多观察，准备好随时对婴幼儿进行教育，对做出良好行为的婴幼儿要进行表扬和鼓励。通过日常的进食、睡觉等活动内容对婴幼儿进行适时教育，让婴幼儿可以逐渐养成良好的生活习惯。

（四）提升婴幼儿心理素质

良好的心理素质对婴幼儿的发展有积极的促进作用，婴幼儿心理素质教育是婴幼儿素质教育中极其重要的内容。托育机构中的婴幼儿由于年龄比较小，还没有正确确立自我意识，托育人员要正确引导婴幼儿认识与处理周围的人际关系，从而提升婴幼儿的自信心，让婴幼儿能够在活动过程中保持个人与环境的心理平衡，从而提高环境适应的能力，为婴幼儿的心理健康发展打下良好基础。对待胆小、依赖性较强的婴幼儿，托育人员要引导孩子重新认识自己，要将这些婴幼儿相比于同龄孩子的长处找出来并不断鼓励，从而增强他们的自信心。同时要多给予幼儿表现的机会，安排一些婴幼儿擅长的、喜爱的活动，在锻炼的同时，也可以有效缓解婴幼儿的自卑心理。适当的挫折感能够使婴幼儿成为心理素质良好的人，长大后会以平和的心境面对各种挫折。适当的挫折有益于婴幼儿形成坚强的性格，但由于婴幼儿时期的孩子情绪不稳定，且心理承受差能力，要避免他们经常遭受挫折。托育人员要选取适合婴幼儿体质的活动，让婴幼儿感到自己有能力克服。还要注意培养婴幼儿的独立性，让其可以控制自己的行为，当遇到挫折时要采用做游戏的方式让婴幼儿坚持下去，由此婴幼儿才可以更好地接受。婴幼儿在生活中遇到挫折时会产生各种不良的情绪，托育人员要根据婴幼儿的情绪表现给予其适当的发泄机会。针对婴幼儿的情绪发泄要根据需求的合理性进行满足，当婴幼儿情绪稳定后再给其讲清道理，要让婴幼儿在活动过程中逐渐学会控制自己的情绪，掌握生活行为准则，由此才可以增强婴幼儿的心理素质。

第三节 社区托育服务环境

社区托育服务环境的规划与设计要遵从国家对托育机构规定的基本要求，托育环境要符合相关卫生标准，具备一定的舒适性、便利性，与婴幼儿的尺寸相适应，还应具有一定的弹性，为婴幼儿提供充足的活动空间，此外还要设置各种各样的学习区域以及其他区域，以更好地适应婴幼儿的差异化需求，为托育服务活动的顺利进行提供保障，从而更好地实现托育服务的均等化。

一、托育环境要符合卫生标准

干净整洁、温度适宜的托育环境是基本的卫生标准。针对常用的区域要特别注意，由于社区托育中心的婴幼儿年龄较小，进食和排便还不能自理，喂食区与尿布区的设备要选择易于摘换的材质，这样才能方便托育人员清洗，保持环境卫生。对于婴幼儿常用的被褥、玩具、餐具等，也要定时清洗消毒，尤其是在季节病毒高发期。由于托育中心的婴幼儿比较多，婴幼儿的餐具、水杯、毛巾等必须分开使用，防止病毒传染，并且要对这些物品定时高温消毒。对于公共使用的玩具与游乐器械等，托育人员也要定时清洗消毒，餐具、水杯、玩具等物品经过清洗后要放在通风口处自然晾干，禁止使用抹布擦拭，以免交叉感染。室内环境如果太过于干燥，要使用加湿器增加湿度，室内湿度过高时就要使用除湿器定时除湿，以防婴幼儿因为环境湿度引起各种不适。日常家具设备要选择符合国家安全标准的材质，并且表面要光滑平整，没有边缘角度，以防婴幼儿磕碰。成人使用的水槽与马桶要与婴幼儿分开，防止细菌感染的产生。托育中心与医院不同，只需保持基本的清洁卫生即可。针对特殊的物品消毒，不需像医院一样到处使用消毒水消毒，否则会引起婴幼儿免疫力下降、没有抗病能力的现象。由于婴幼儿的年龄比较小，对于卫生的要求比较高，托育中心要根据婴幼儿的身心需要，不断对卫生情况进行检查，由此才可以使婴幼儿健康地活动学习。

二、托育环境要保证舒适性

舒适安逸的环境能够使婴幼儿的情绪更加平和，能够促进婴幼儿不断探索发现。社区托育中心在进行装饰时，墙壁以及天花板的粉刷要选择柔和的、自然的颜色，如浅蓝色、浅黄色等，这些颜色会让人情绪稳定，心情愉悦，不管是对于婴幼儿还是对于托育人员都能够产生正面的影响。由于托育中心的婴幼儿比较多，环境难免比较吵闹，因此，天花板装饰材质要选择具有吸音效果的，墙壁可以采用吸音板装饰，这样婴幼儿在活动时才不会互相打扰。在装置照明装置时，要选用光线自然的灯具，并且安置睡眠灯具。良好的光线可以促进婴幼儿眼部的发育，在自然光线下活动，能够使婴幼儿减少眼疲劳。在婴幼儿睡眠时，睡眠灯具不仅可以方便托育人员照顾幼儿，还可以使幼儿更加有安全感。一般托育中心的室内房间每天都需要开窗通风，根据季节选择通风的时间，夏季时一般为3—4个小时，春秋季节一般是1—2个小时，冬季时由于比较寒冷，开窗时间可以根据温度适当调整。极端天气时要避免开窗，以免引起各种不必要的危险。在进行室内布置时，可以采用一些温馨的照片增加美观性，可以张贴一些婴幼儿喜爱的小动物图片等，专门为幼儿设计的房间，既有趣又温馨，非常符合幼儿的心理认知，而且在婴幼儿情绪不稳定时还可以起到安抚作用。在放置沙发靠垫等物品时，要根据婴幼儿的身体尺寸进行摆放，使婴幼儿在使用时更加舒适。座位可以根据托育人员与婴幼儿的需要不断调整，使托育人员与婴幼儿可以方便地使用。婴幼儿只有在舒适的环境中才可以更好地进入更好的状态，社区托育中心要意识到舒适环境的重要性，要根据婴幼儿对环境的需求对生活环境以及学习环境不断调整，使婴幼儿能够喜欢社区托育的环境。

三、托育环境设计应突出便利性

托育中心在进行设计时，针对不同的区域都要注意便利性，使托育人员在照顾婴幼儿过程中更加方便。由于托育机构的幼儿比较多，托育人员需要同时照顾2—3个甚至更多幼儿，如果环境设计不合理，会使托育人员的工作量增大，从而会使托育人员疲劳的情绪影响到对婴幼儿的照顾。因此在进行环境设计时，要将区域进行统一的规划安排，使托育人员在不同的区域照顾婴幼儿时都可以更加方便。比如，在对尿布区进行设计时，可以将尿布操作台以及地板材质换成容易清洗更换的，这样托育人员在给宝宝换完尿布后，可以很方便地清洗更换，能够大大降低工作量。在游戏区域设计时，就可以将玩具统一放置在固定的容器中，容器要上写有"玩具专用"等标志，这样幼儿在玩耍结束后就可以直接放置到其中，这样一来就可以大大缩短收拾玩具的时间。针对还不会走路的婴幼儿，就可以采用合适高度的挡板做成一个专门的爬行区域，这样托育人员就不用一直抱着宝宝，可以让宝宝自由爬行，托育人员就可以有条不紊地照顾好宝宝。家具在进行摆放时，可以放置在房间居中位置，这样托育人员就可以方便在四周行走，宝宝产生各种需求时也能及时地过来进行安抚。只有提升托育中心的方便性，才可以使托育人员有更多精力和耐心照顾宝宝，方便的环境不仅可以有效提升照顾宝宝的效率，还可以避免很多不必要事情的发生。方便的环境能够使婴幼儿的需要得到满足，因此，社区托育中心在创设时一定要认识到方便的重要性，家具以及器械的选择一定要具备灵活性，这样在进行环境重设时可以方便移动。

四、托育环境设计要适应幼儿尺寸

为满足不同幼儿的各种需求，在进行环境设置时，要根据婴幼儿的身高尺寸进行设计，桌椅可以采用可以随意调节尺寸的，这样可以根据婴幼儿的身高不断调整，使婴幼儿在使用桌椅时双脚可以着地，桌面能够与胸口平齐，在进行游戏或者进食时，能够更加方便操作。在进行玩具摆放时，要将物品摆放到与婴幼儿身高平齐的位置，使婴幼儿在活动时方便看到和使用。设计者不能用成人的眼光高度进行设计，要根据婴幼儿的高度进行设计，这样婴幼儿在探索过程中，才会有更多的发现，学习到更多的知识。比如，应该将阶梯设计成高度为 12 厘米左右的，否则托育人员在带领幼儿上阶梯时，幼儿容易因为阶梯太高产生惧怕心理而抗拒自主上楼，合理的阶梯设计不仅可以使幼儿提升运动能力，还能大大提升安全性。在对大型玩具设计安装时，要采用高度较低、方便婴幼儿上下活动的，比如，在对滑梯进行安装时，高度只需要设计到 70 厘米左右就可以，一岁半左右的幼儿正处于运动探索旺盛期，这个高度可以使幼儿进行游戏玩耍，也不会造成危险，托育人员在帮扶幼儿时，也更加节省力气。在对置物架等进行安装时，可以根据 2—3 岁幼儿的身高需要安装，这个时期的幼儿正处于自理能力养成期，托育人员在安排幼儿自己放置物品时，合理的尺寸可以使幼儿产生提升自理能力的欲望。家具与玩具器械的合适尺寸能够满足婴幼儿的探索欲望。

五、托育环境中的设施需具备一定弹性

为满足婴幼儿成长的需要，托育环境中的设施必须具备一定的弹性。为使婴幼儿在活动时避免磕碰，不管是在玩具器械设计上还是家具装饰上，都要注意弹性的重要性，可以使用塑料海绵将家具器械的边缘角度都包裹住，降低婴幼儿磕碰现象的发生。由于婴幼儿年龄较小，各种动作还不够平稳，在活动地面上可以铺上泡沫垫等，使婴幼儿在产生跌倒磕碰时降低危险。多种运动器械也要根据运动的特征进行弹性布置，使婴幼儿在活动时的动作幅度能够有一定的缓冲，避免大动作造成的各种损伤。当多名婴幼儿集体活动时，要在范围周边放置好围栏、纸板等做好隔离短墙，防止婴幼儿在看护不及时时爬出产生危险。比如，在带领幼儿进行玩水或者玩沙游戏时，一些材质的特性可能会导致幼儿滑倒，因此就可以采用充气泳池等作为活动区域，将材质投放到充气泳池内，不仅可以方便托育人员看管，还可以避免婴幼儿磕碰跌倒状况的产生。托育中心的内部环境在设计时，一定要根据婴幼儿的发展需要设置一定的弹性，由于婴幼儿的动作不稳定，很容易发生危险，设施具有一定的弹性可以降低伤害。

六、托育环境要有足够活动空间

活动动作是婴幼儿主要的学习项目，安全以及足够灵活的空间是婴幼儿进行活动的基本条件。不同阶段的婴幼儿的活动需要是不同的，在进行活动区域设置时，要考虑到多个因素，比如环境的整洁度、活动器材的安全性等。并且在空间与器材的安排上也要注意，要根据婴幼儿的活动需要营造出不同的高度与难度。活动量比较大的运动器械可以放置到室外，让幼儿在进行活动时能够尽情地释放自己。托育中心的地板要一直保持干燥整洁，使婴幼儿在爬行或者行走时不会产生滑到磕碰的状况。活动器材要安装牢固，并要对其定时检查，以免婴幼儿在进行活动时发生坠落等意外情况。比如，秋

千、跳跳床、滑梯等设备，对安装螺丝等要定期检查，以免婴幼儿在玩耍时发生不必要的危险。托育中心要根据婴幼儿的活动需要，不断开发不同活动空间，使婴幼儿能够保持活动的兴趣。也可以在同一个活动区域内放置不同的活动器械，让婴幼儿可以轮流玩耍。每个年龄段的婴幼儿由于发展需要不同，对活动内容的要求也是不尽相同的，0—6个月的婴幼儿的主要活动场地就是室内，主要活动项目就是腿脚伸展等，就可以设置活动范围较小但设施较为丰富的空间供婴儿使用。7—12个月的幼儿正处于爬行发展期，这个时候的幼儿的探索欲望比较强烈，可以在室内或者室外设置不同的爬行区域，并放置不同的玩具吸引婴儿爬行锻炼。1—2岁的幼儿处于走路形成期，对于这个阶段的幼儿要设置灵活活动的空间。2—3岁的幼儿的活动量可以适当增大，可以多进行户外活动，通过多种活动提升幼儿的运动能力。

七、托育环境要设置学习区域

婴幼儿主要的学习方式就是尝试进行不同的活动，因此，托育中心要在区域内设置不同的活动区域供婴幼儿使用。比如，设置细小肌肉活动区可以使婴幼儿练习细小肌肉活动。也可以设置感官活动区，布置不同的触感材料在地板或者墙面上，让婴幼儿增强感官的感受能力。锻炼婴幼儿的肌肉能力可以使幼儿提升抵抗力与免疫力，在大动作区要放置相关的器材，让婴幼儿能够在区域内爬行、学步，也可以在室内墙边安装上扶手帮助学步的幼儿行走。针对大一点的幼儿，就可以设置手工区，让幼儿可以在区域内画画、玩橡皮泥，进行各种创意活动。不同的学习区域能够满足不同婴幼儿的生长需求，学习环境的正确设定可以使婴幼儿的智力得到开发，能够使婴幼儿的各项能力不断开发提升。在学习区域进行创设时，要认识到不同学习内容对婴幼儿的影响以及促进作用，要根据婴幼儿的智力以及行为发展需要，设置不同的学习环境，并投放不同类型的玩具材料，使婴幼儿的身心能够得到全面的发展。

八、其他区域设置

在进行喂食区与食物准备区设置时，要将两个区域分别划开，但为了取食方便要将两个区域相连起来。食物准备区只能大人逗留，不能让婴幼儿进入，以免引起烫伤等，喂食区与食物准备区的地面要铺设防滑地垫以免汤汁撒到地面上使托育人员或者婴幼儿跌倒。储藏区要设置在墙角等婴幼儿活动够不到的位置，以免婴幼儿在活动时碰撞产生危险。并且储物区域的每个橱柜都要贴上相应的物品标签，这样既可以方便托育人员寻找物品，也可以避免使用错误产生各种问题。对如厕区进行设置时，要根据幼儿的身高进行布置，可以将脸盆安装在60厘米左右的高度，托育人员在带领幼儿进行洗手时也更容易操作。尿布台要以托育人员的站立高度为准进行设定，针对大一点的幼儿的马桶在进行安装时，要采用幼儿专用便池或者马桶，使幼儿能够自主安全使用，并且马桶之间要安装隔板以确保安全性，如果马桶边缘有阶梯，就要将阶梯边缘使用防撞垫进行包裹，防止幼儿上厕所时因为地面湿滑产生磕碰，托育人员在幼儿上厕所期间要做好监督工作，避免危险的发生。在对休息区进行设置时，要将室内环境装饰成较为冷静的颜色如浅蓝色，窗帘安装时要采用遮光性比较好的面料，月龄较小的婴儿可以采用方便托育人员照顾的宝宝床，大一点的幼儿就要使用高度不超过20厘米的幼儿床，这样也能方便幼儿起身，避免跌落的危险。休息室灯光要采用柔和的、度数较低的光源，这样既方便托育人员照顾幼儿，也不会使婴幼儿在睡醒时刺激到眼睛。社区托育中心在进行环境设定时，要根据托育人员对不同区域的需要以及婴幼儿年龄段发展的需要进行布置，只有如此才能使托育人员更好地进行服务工作，满足婴幼儿的各种需求，从而使托育服务活动顺利展开。

第四节 社区托育服务安全

一、安全检查

托育机构最应注重的就是安全问题，安全检查是保证安全的重要基础，因此社区托育机构要创设出安全检查清单，定期进行检查以确保婴幼儿的基础安全。安全是托育服务的第一要素，很多家长最关心的社区托育问题莫过于安全问题，托育工作进行中一定要把安全问题放在首要位置，只有保障婴幼儿的安全，才可以使社区托育服务顺利开展。社区托育中心在进行安全制度制定时，可以将具体责任落实到个人身上，这样托育人员互相之间能够起到互相监督的作用，还可以有效提升安全检查的效率。安全检查无小事，托育人员要意识到安全检查的重要性，只有提前将安全检查做到位，排除一切不安全因素，才可以使托育工作顺利进行。托育机构要定时对托育人员开展安全教育，提高托育人员的安全意识，从身边小事开始注意，将一切不安全因素尽早排除，使托育工作可以顺利开展。为了能够将托育安全落到实处，就要不断健全托育安全管理工作制度，让托育人员在工作过程中能够严格遵守。可以在托育中心成立安全检查领导小组，由社区托育相关负责人担任组长，其他领导担任副组长，领导托育人员对托育中心进行安全工作检查，使用互相监督的方式将安全工作做好。每个区域的责任要明确到个人，并对各个区域的检查结果做好记录。安全检查工作可以固定在每天的某一时间段，通过统一检查将发现的问题及时上报解决。托育中心要严格做好人员出入登记，可以为家长配备接送卡，婴幼儿在入托和出托时要做好记录。对于检查中出现的问题要及时制定解决策略，并做出相关的调整。社区托育中心也要不断开展安全培训，逐渐提升托育人员的安全意识和处理紧急状况的能力，使托育人员能够在工作中及时发现不安全因素及时上报排除，杜绝一切不安全因素的产生，在遇到紧急情况时能够有应对的策略。

二、室内安全

婴幼儿的活动内容大部分是在室内进行的，因此，室内的定期安全检查能够保障婴幼儿的基本安全。在进行安全检查时，要将所有暴露在外的电插头都遮盖住，以免幼儿在活动时触摸发生危险。室内和户外地面要铺上草坪或者护垫，以减少婴幼儿跌倒时产生的伤害。要确保安全出入口的通畅，以遇到紧急情况时能够快速撤离。要确保所有器材以及家具的安全性，确保不会对幼儿造成损伤。清洁剂以及药品等化学药品等要放置到婴幼儿不会接触到的位置。更换尿布的桌台要有安全护栏以避免婴儿跌落。楼梯口与门口等要安装婴幼儿无法打开的围栏，以免婴幼儿随意走动发生意外。确保桌椅以及器材的摆放位置，使婴幼儿能够安全地运动。由于婴幼儿具有很强的好奇心，非常喜欢往门窗的地方看，托育中心要在窗上安装安全围栏，以防婴幼儿跌落。婴幼儿进入室内后也要使用挡板进行围挡，以免幼儿发生意外。要把危险物品及时除去，以免发生不必要的意外，对玩具设备以及器材等要定时检查，及时发现不安全因素并及时清理修整。墙体发生破损脱落时，要及时处理，以防婴幼儿误食。托育人员在清理环境过程中要及时倒掉脸盆或者水桶剩余的水，以防婴幼儿好奇玩耍发生溺水事故。卫生间以及喂食区地板不能太过于光滑，以防婴幼儿在使用期间跌伤。要确保柜子以及墙架的牢固性，以免发生倾倒危险，并且橱柜要及时上锁，避免婴幼儿打开。托育人员开展托育工作时，除了每天的必要检查外，也要随时发现室内的不安全因素，并及时排除清理，使婴幼儿能够安全地在室内活动。

三、室外安全

在带领婴幼儿进行室外活动时，要根据婴幼儿的年龄特点设置适合的活动内容，托育人员全程要参与活动指导过程并维持好安全秩序。对性格比较好动的以体质较差的幼儿要尤其注意，要防止磕碰现象的出现。室外的大型设备要保证其安全性，在进行玩耍前托育人员要检查好焊接以及螺丝等部位的安装情况，确保牢固了以后才可以让婴幼儿开始活动。室内活动开始前要将活动内容需要的玩具与材料准备好，并检查好玩具的安全性，要避免使用长绳或者小珠子等玩具以免婴幼儿陷入缠绕或者堵塞危险。在带领婴幼儿进行活动前，要根据天气温度为其穿好适宜的衣服，并检查好鞋带、扣子等才可以开始活动。在带领婴幼儿进行游戏活动过程中，托育人员要观察每一个孩子的表现情况，出现异样时要立即停止活动查看原因。在带领幼儿玩耍大型玩具时，托育人员要全程监护，游戏开始前要为幼儿系好安全装置才可以，开始以免出现幼儿跌落的状况。在大型玩具运作期间要防止其他幼儿靠近，以免被碰伤。在带领幼儿进行户外活动时要提前观察好天气变化，以免极端天气的出现产生危险。外出前要清点好幼儿数量，准备好紧急医疗需要用到的物品，如创可贴、碘伏等。在带领幼儿统一过马路时要由一名托育人员在前方进行观测领导，中心托育人员维持好幼儿的站队秩序，最后面的托育人员要观察前方幼儿的活动情况，避免掉队。室外活动与室内活动不同，具有不可预测性，托育人员要根据环境变化调整活动内容，有特殊情况要提前停止返回室内。

四、游戏安全

托育中心的基本活动就是游戏，但是游戏过程中又存在着各种风险。由于托育中心的婴幼儿年龄比较小，在进行游戏时没有具体的概念，并且没有自我保护意识与安全意识，如果托育人员没有正确地引导教育，会产生很多不安全的因素。托育人员要在游戏活动开始前做好安全准备工作并仔细检查好以后再告知幼儿游戏规则，才可以开始活动。比如，在开展戏水活动时，托育人员要根据参加游戏的幼儿的年龄做好水位预测，水深程度不能高于幼儿膝盖，然后才可以开始放水。在戏水区投放玩具时，不能投放过于尖锐的玩具，以免幼儿在活动时划伤。幼儿进水前要逐一检查幼儿衣物的穿着情况，避免穿有扣子、钉珠的衣物，以免在游戏过程中被幼儿吸至口鼻中。同时也要检查幼儿进水前是否携带其他区域玩具，以免不适当的玩具引起意外。入水前要带领幼儿做好伸展运动，以免突然进水幼儿产生抽搐的现象。戏水游戏开始时，托育人员的视线要一直盯着幼儿，观察每一名幼儿的游戏情况，发现有幼儿抢夺玩具等情况时要及时制止并教育，个别幼儿如果产生情绪不积极等现象时要带幼儿离开，不能强迫幼儿进行活动。戏水游戏的时间不宜过长，一般可以设定在 20—30 分钟，可以根据幼儿的游戏情况适当缩短，但不可以延长，以免幼儿在水中玩耍太久引发感冒等症状。在进行游戏活动时，托育人员要根据婴幼儿的表现不断调整活动内容，比如，幼儿可能困了、饿了产生哭闹的情况，托育人员便可以提前停止游戏活动，当幼儿不想参加活动时也不要强迫幼儿，要仔细聆听幼儿的需求，根据幼儿的运动强度制定游戏活动内容。

五、学习安全

托育人员在带领婴幼儿学习时，要注意环境以及工具的安全性，这样才可以使婴幼儿的各项技能逐渐提升。比如，在带领婴幼儿进行精细动作学习时，可以投放积木、布条等材料让婴幼儿进行活动，要避免豆子、细长条状等玩具的使用。较小月龄的婴儿还没有辨别物体的能力，意识不到物体的特质也意识不到物体所带来的危险性，因此托育人员在带领婴儿学习各种技能时，要根据婴儿的发展需要寻找具有安全性的工具与玩具。在带领婴儿开展各项学习活动时，要不断观察婴儿的反应情况，避免学习工具对婴儿造成伤害。如在对婴儿开展感官体验课程时，托育人员通常会使用纱巾等工具进行，由于纱巾的质地比较薄且轻盈，很容易引起婴儿的注意。活动开展期间托育人员要及时观察婴儿拿取丝巾的情况，避免发生丝巾缠绕的意外，同时也要对丝巾的线头等做好提前检查，以免发生勒住婴儿手指的意外。在带领幼儿学习观察物体时，托育人员带领幼儿在园区寻找同形状或者同颜色的物体，过程中托育人员要注意幼儿的活动情况，避免幼儿乱摸乱碰。比如，在寻找绿色物体时，幼儿经过观察会发现，门是绿色的，树叶也是绿色的，就会忍不住用手触摸物体，托育人员此时就要防止门夹到幼儿的手或者幼儿将树叶放进口中等行为，要告诉幼儿什么东西是可以碰的、什么东西是不可以碰的，2—3 岁的幼儿已经有初步的安全意识，托育人员就可以根据学习内容适当地向幼儿传授一些生活中常见的安全知识，使幼儿能够掌握基本的安全技能。在带领幼儿学习安全知识时，倘若只是单纯地讲与幼儿听，幼儿难免会出现理解不了的情况，托育人员可以使用讲故事或者做游戏的方式让幼儿进行理解，这样幼儿便对安全有一个基础的概念。

六、生活安全

托育人员在带领婴幼儿进行生活活动时，要从身边的小事做起，注重对婴幼儿的安全保护，使婴幼儿的生活内容能够健康开展。在对婴儿进行盥洗前，要提前调好温度，并全程观察婴儿的适应情况。假如婴儿在此期间出现吐奶或者排泄等情况要及时处理，避免婴儿出现溺水或者不适的现象。带领幼儿进行洗漱时，要井然有序，可以分组进行，以免人员太多发生拥挤碰撞。幼儿在用水后要及时将地面清理干净，以免后进来的幼儿跌倒摔伤。托育人员在婴幼儿用水前都要提前试好水温才可以进行盥洗，以免婴幼儿烫伤。在对婴儿进行喂奶或者辅食喂养时，可以使用食物专用温度计测量好温度对婴儿喂食，以免产生烫伤危险。幼儿进食前，要将饭食提前晾凉才可以分餐，不管是汤食还是固体食物都要做到热不上桌，以免幼儿打翻饭碗引起烫伤。婴幼儿的餐具以及杯具都要使用不锈钢或者无毒塑料制品，这样可以避免划伤的危险。由于婴幼儿咽喉部位的保护功能还没有完全发育好，婴幼儿在进食期间，要避免嬉戏打闹。如婴幼儿产生哭闹的现象，不要强制喂食，以免食物呛到气管，要等婴幼儿情绪平复以后才可以继续喂食。在制作婴幼儿食谱时，要提前了解到婴幼儿的过敏原，食谱中要避免出现带刺的鱼等具有危险性的食物。婴幼儿睡觉期间，要调整好床位，对于月龄较小的婴儿，在床边要做好围挡工作，以防婴儿出现跌落的情况。托育人员要提前检查好幼儿的睡前情况，避免幼儿携带玩具或者食物睡觉，以免发生不必要的危险。托育人员要不断观察婴幼儿的睡眠情况，根据婴幼儿的呼吸情况及时调整睡眠姿势。托育人员在进行婴幼儿生活照顾过程中，不得擅自离开岗位，要将所有注意力放在婴幼儿的每个行为动作上，避免危险的产生。

七、安全与急救措施

由于托育机构的婴幼儿年龄比较小，不具备自理能力，为避免发生各种令托育人员手足无措的突发情况，社区要定期展开安全与急救的知识教育，让托育人员在遇到紧急情况时能够使用正确的急救措施。婴幼儿跌伤是比较常见的现象，当婴幼儿发生跌倒等情况时，可以先检查婴幼儿的关节活动有没有问题，如果出现关节错位等情况就要立即联系家属到医院复位；如果只是皮外伤，托育人员只需使用碘伏消毒即可。假如婴幼儿碰到头或者从高处跌落，就要送到医院进行观察，如果宝宝出现呕吐等症状就要进一步进行检查。当婴幼儿出现皮肤损伤时，就要根据情况进行处理。一般的皮肤擦伤后会出现疼痛等症状，托育人员可以先使用温水进行冲洗，然后再使用碘伏进行消毒，在结痂前要避免冷水刺激以免感染。如果皮肤发生肿胀，就要使用冷水毛巾先湿敷，1—2天后改用温水湿敷。常见皮肤破裂伤可以分为两种，一种是比较常见的毛细血管出血，一般出血量比较少，不久后便会自动凝结，这样的情况只需要碘伏消毒再使用绷带包扎即可。一种是静脉出血，常见为割伤、划伤等，托育人员遇到静脉出血的情况时可以先使用消毒纱布或者毛巾进行包扎，然后再送幼儿到医院进行缝合。当婴幼儿烫伤后，要第一时间使用冷水迅速给皮肤降温，当出现起泡的情况时，不要撕破以免引起感染，要将伤口使用保鲜袋进行覆盖保护然后送至医院就医。如果烫伤部位衣服与皮肤有粘连，不要强行脱去，可以使用剪刀将多余的衣物剪掉，使用消毒被单等轻轻包裹再送医。每个孩子的安全牵动着整个家庭的心，社区托育中心要做好安全教育工作，要逐渐提升托育人员的安全意识，避免危险的发生，要不断对身边的环境进行危险因素排查，使每一名幼儿都可以在社区托育中心快乐健康成长。

第四章　基本公共服务均等化
　　　　理论视域中社区托育
　　　　服务面临的机遇与挑战

第一节　基本公共服务均等化理论视域中社区托育服务面临的机遇

一、扶持政策逐步出台，国家政策春风利好

近些年来，国家出台了一系列有关社区托育服务的政策，各地也在积极地落实这些政策。尤其是自 2016 年全面放开"二孩"政策出台后，社区居民的托育需求剧增，而市场供应却不足，供需矛盾越来越尖锐。自此之后，国家和地方政府针对社区托育服务的发展相继发布了一些指导性意见，为社区托育行业的发展指明了方向。

2017 年 10 月，党的十九大报告中提出"幼有所育"，将其纳入保障和改善民生的重要内容。高质量实现"幼有所育"是人口发展的基础和关键，是提高人口质量、贯彻落实三孩生育政策及配套支持措施的内在要求，是新时代应对人口形势变化、促进人口长期均衡发展的必然选择，有助于实现基本公共服务均等化水平稳步提高的目标。

2018 年 3 月，在十三届全国人大一次会议开幕会上，着重强调要多渠道增加学前教育资源供给，加强对儿童托育全过程监管。

2019 年 5 月，国务院办公厅印发《国务院办公厅关于促进 3 岁以下婴幼儿照护服务发展的指导意见》，提出各级政府要进一步加强对婴幼儿照护服务的认识，将婴幼儿照护服务添加至经济社会发展相关规划以及目标责任考核当中，充分发挥各级政府的引导作用，制定有效、可行的政策措施，促进婴幼儿照护服务的规范发展；在全国范围内组织婴幼儿照护服务示范活动，建设一批示范单位，发挥带头、示范作用，从整体上提升婴幼儿照护服务的水平。

2019 年 6 月，我国为了更好地促进托育等社区家庭服务行业的发展，发布了《关于养老、托育、家政等社区家庭服务业税费优惠政策的公告》，

指出为社区提供托育等服务的机构，可以享受诸多规定的税费优惠政策，主要包括：提供社区养老、托育、家政等服务取得的收入，免征增值税；提供社区养老、托育、家政服务取得的收入，在计算应纳税所得额时，减按90%计入总额；承受房屋、土地用于提供社区养老、托育、家政服务的，免征契税；用于提供社区养老、托育、家政服务的房产、土地，免征不动产登记费、耕地开垦费、土地复垦费、土地闲置费；用于提供社区养老、托育、家政服务的建设项目，免征城市基础设施配套费。

2019年10月，《托育机构设置标准（试行）》和《托育机构管理规范（试行）》提出要始终坚持政策引导、普惠优先、安全健康、科学规范、属地管理、分类指导、原则，充分调动社会力量积极性，为3岁以下婴幼儿提供全日托、半日托、计时托、临时托等托育服务，以促进托育服务的全面发展；托育机构设置应当综合考虑城乡区域发展特点，科学规划，合理布局等。

2021年12月，我国印发《"十四五"城乡社区服务体系建设规划》，指出要围绕中心、服务大局，优先发展社区就业、养老、托育服务，大力发展社区服务业；重点强化社区养老、托育、助残服务供给，做好对困难群体和特殊人群关爱照护，推动社区与居家养老服务协同发展。通过不断完善社区服务体系建设，促使服务主体和服务业态更加丰富，进而更好地融合线上线下服务机制，不断提升城乡社区服务精准化、精细化、智能化水平，促进社区吸纳就业能力的不断增强，以实现基本公共服务均等化水平的明显提升。

另外，多地出台支持政策促进托育服务的发展，如2022年9月，黑龙江省发布《养老托育服务业发展黑龙江省专项行动方案（2022—2026年）》，提出到2026年，全省各类托育机构托位总量达到13.44万个以上，每千名人口拥有3岁以下婴幼儿托位数达到4.5个以上，各类托育机构的保育人员总量达到21730人以上，公办、普惠托育服务能力明显提升，培育一批属地化、品牌性、连锁化的托育服务机构（企业），智慧托育服务等新业态实现较快发展。

2022年6月，《辽宁省"十四五"促进养老托育服务健康发展实施方案》指出，到2025年，基本建成功能完善、规模适度、覆盖城乡的养老托育服务体系。全省养老服务床位从 23.55 万张增加到 25.55 万张，其中护理型床位占比不低于 55%。全省常住人口每千人拥有 3 岁以下托位数力争从 3 个达到 4.5 个。

2022 年 9 月，扬州市人民政府发布《扬州市"一老一小"整体解决方案》，在全市首次将社会高度关注的两大事项统筹考虑、整体解决，提出 25 项重点任务，汇聚政府、社会、市场、家庭共建共享、多元参与合力，打造养老托育服务高质量发展新格局。到 2025 年，扬州市养老托育事业和产业高质量发展水平力争走在江苏省前列。

综上，国家及各省对社区托育服务的重视不言而喻，为社区托育服务均等化的发展提供了重要保障。

二、社区托育市场需求旺盛，行业的发展空间巨大

据国家卫健委相关调查显示，超过三成家庭表示有托育服务需求。2022 年 6 月，艾媒咨询发布的数据显示，2021 年中国婴幼儿托育市场规模达 1396.6 亿元，同比增长 127.9%，预计 2027 年，中国 0—3 岁婴幼儿托育市场规模将达 1 863.2 亿元。由此可见，托育市场需求非常旺盛，主要原因包括以下几方面。

首先，现如今的家长趋于年轻化，基本都是"90 后"，其教育方式和教育观念更加开放，而且接受新事物的能力强，对许多事物都有强烈的兴趣，孩子在某影响下也会增强对外界事物的好奇心和探索欲，但也会有一定的弊端，即部分"90 后"家长育儿经验不足，缺乏相关专业知识的储备，难以保证养育方法的科学性。

其次，社区中很多婴幼儿来自双职工家庭，尤其是在城市地区，家长主要面临着以下两方面的困难，一方面是家长工作比较繁忙，没有充裕的时间对孩子进行照顾，育儿时间少之又少；另一方面是部分家长承受着房贷、车贷等还款压力。

最后，托育服务和早教体系的托育综合体逐渐成为当今社会发展的主流趋势，以托助育，教养结合。随着家庭对教育问题的逐渐重视，教育支出占

家庭总支出的比例也越来越高，社区托育服务在保证婴幼儿接受良好的教育的同时，还能大大降低教育支出所占比例，对于社区家庭来说是一个比较好的选择。

受到上述这些主要原因的影响，社区托育服务得到社区众多家庭的欢迎，成为社区内很多家庭的首要选择。

第二节　基本公共服务均等化理论视域中社区 托育服务面临的挑战

一、托育服务机构数量少

随着社会经济的不断发展，很多年轻父母由于工作的原因根本无暇照顾孩子。随着国家生育政策的不断放开，托育服务的需求量也逐渐增加。但由于国内目前没有具体的政策与方案，很多家长对托育机构缺乏深入的认识，使社区托育服务工作的开展困难重重。

（一）家长缺少对托育机构的认识

1.家长对托育服务的具体内容不甚了解

2022 年，国家卫生健康委人口监测与家庭发展司相关负责人表示，据不完全统计，当前全国共有各类托育服务机构数万家，但托育服务总体供给依然不足；超过九成的机构是民办机构和营利性机构，服务对象以 2 岁以上婴幼儿为主，收费相对较高，各地区服务资源分布不均衡，托育服务机构入托率仅为 6% 左右。原因之一就是家长对托育服务的具体内容不甚了解。托育中心的主要职能就是帮助婴幼儿成长，3 岁以下的婴幼儿正处于身心生长快速期，正确的引导能够使婴幼儿养成良好的社会情感与生活习惯。适宜的教学内容以及活动内容能够开发婴幼儿的智力与能力。与家庭育儿不同，托育机构能够为婴幼儿提供适宜不同阶段发展的环境以及社会交往的机会。托育机构能够根据婴幼儿的生长需要设置不同的营养菜谱，能够提供婴幼儿不同时期发育所需要的营养。托育的真正价值主要是教育孩子，托育中心能够根据婴幼儿的生长过程对其进行科学系统的养育，而这些内容是普通家庭难以提供的。但很多家长觉得孩子太小，放在托育中心不放心，对托育人员的专业性与资质产生怀疑，这些都是对托育机构认识不足的表现。

2. 家长没有正确的送托意识

0—3 岁是婴幼儿的大脑快速发展期，这个时候刺激宝宝大脑能够为婴幼儿今后的智力与体能发育等打好基础。托育机构能够根据婴幼儿的成长规律对其进行科学系统的养育。但部分家长对婴幼儿没有正确的送托意识，未充分意识到托育机构的积极作用。

（二）缺少完善的法律法规体系

1. 法制体系不健全，缺乏相关立法和保护机制

自中华人民共和国成立以来，为了促进婴幼儿托育服务的发展，我国制定了一系列相关的儿童福利政策，并陆陆续续发布了一些规范性文件，如《幼儿园管理条例》《幼儿园工作规程》，都不同程度地促进了学前教育事业的进一步发展，以及学校教育品质的提升。但是，针对托育服务方面，相关法律法规有所缺失，导致"无证办园"、儿童权益受侵害等各种各样的问题频发，这些情况直接或间接影响社区托育机构数量的增加。对此，政府应该不断完善相关立法和保护机制，进一步强化执法监督力度，规范 0—3 岁婴幼儿托育服务运作模式。

2. 缺少对托育专业服务标准的具体规定

托育服务不仅在数量方面存在着很大的空缺，在质量方面也令人担忧。从制度方面来看，国家并未对婴幼儿的托育专业水平作出详细、具体的规定。因此，市面上的托育机构质量参差不齐。国家应该制定各种类型的托育教育服务制度，将办托标准以及相关制度明确到位，使托育机构建立从程序审批到教育保育等过程都可以有严格执行的体系，要形成以政府为主要导向、解决家庭需求为主要目的的多方参与合作的模式开展托育服务体系。

3. 缺少专业的托育培训方案

托育师资的社会地位与权益都较难得到保障，师资群体的稳定性较差等情况，导致托育专业人才流动性大、工作积极性不高等问题。我国对从业人员持有育婴师职业资格证的要求较低，导致托育行业人员的专业素质参差不齐，部分托育机构人员在进行育儿时缺乏专业的技能，不仅保证不了托育服务的顺利展开，还容易对婴幼儿的身心发展造成一定的负面影响。面对婴幼儿托育机构人员短缺以及素质有待提升等问题，虽然人社部已经提出了展开大规模职业技能培训的方案，但由于成本等问题，培训内容往往没有针对婴幼儿发展问题的专业性，托育人员的学习积极性并不高，长此以往，托育人员的专业技能不仅得不到提升，还会影响到托育机构工作托育服务的态度。很多托育机构工作人员在进行工作时，认为托育服务内容就是负责满足婴幼儿的基本生理需求即可，这种理念是完全错误的。专业培训能够使托育服务人员认识到托育服务的重要性，能够使托育服务人员转变工作理念，提升专业性，在工作过程中会用心去呵护每一名孩子。只有对托育服务人员经常开展专业性培训，提升机构人员的专业性，才可以提升家长对托育服务的认可，提升入托率。制定专业的托育服务培训方案，逐渐扭转和提升托育人员的教学理念以及专业性，才可以保障托育服务的质量，促进托育行业良性发展。

二、师资供给质量不足

（一）托育服务专业质量缺乏

1. 专业教育师资不足

托育服务行业是社会新兴的一门专业，很多院校还没有形成正规的托育服务人才培养体系。虽然也有个别院校开设了相关专业的课程，但由于师资不足等原因，课程教学活动还是难以开展。高职院校要重视婴幼儿托育专业的发展，要了解市场对婴幼儿托育专业的需求，大量引进相关专业教师，提升该专业学生的专业性。教师在带领学生进行婴幼儿托育专业学习时，要从婴幼儿照顾、安全喂养、启蒙教育等多方面向学生传授知识，使学生通过系统的课程学习，掌握基本的托育理论知识技能。高职院校也可以邀请优秀公立机构的托育服务人员为学生传授相关的知识，公立机构的托育服务人员通过演示与教学将积累的大量实践经验传授给学生们，使学生能够学习到更多课堂内没有的婴幼儿托育知识，专业教师还可以就课堂中遇到的疑难问题向托育机构人员进行咨询。各大院校也可以采用资源共享的方式进行教学，可以将幼儿教育、早教教育、托育教育等建立成一个完善的课程体系，使各大院校的学生能够互相观摩学习，这样一来，不仅解决了师资不足的问题，学生还可以学习到与专业相关的知识内容，能够有效提升专业性。学生通过这样的学习方式不仅可以提升对托育专业的兴趣，还可以与各个院校学生互相交流，提高对专业性的认识。

2. 托育服务缺乏专业的课程标准

一些高职院校教师在进行婴幼儿托育专业授课时，由于没有专门的课程标准，教学效果并不理想。教师作为教学活动的引导者，只有引导学生充分认识到婴幼儿托育专业的重要性才可以使学生投入学习过程中。但是部分教师在教学过程中由于没有具体的教学目标，只是单纯的让学生学习理论知识，这便容易使学生逐渐失去对课程学习的兴趣。部分教师在进行教学时，只是使用传统说教的教学方式进行教学，但由于婴幼儿托育专业的实操性比较强，如果没有相对的实践经验累积，学生是难以理解课程内容的含义的。因此教师要改变教学策略，根据婴幼儿托育专业的特点构建专业的课程体系，逐渐调动起学生的学习兴趣。在对学生进行婴幼儿托育教学时，要从新生儿护理、婴幼儿抚触、运动感知等基础内容讲起，要让学生循序渐进地了解婴幼儿成长的变化以及不同年龄段的需求，这样才可以使学生形成具体的概念，在进行实践操作时学生才会大胆尝试从而累积专业经验。教师在带领学生进行婴幼儿托育专业学习时，要根据社会经济发展的需求，以及学生学习情况制定出专业的课程标准，要不断学习相关专业知识，到优秀托育机构学习，增加自身的实践经验，才可以引导学生形成良好的专业理念，树立专业学习的态度，从而提升学生的学习兴趣。

3.托育服务人员专业学生缺乏实习场所

由于国家目前开办的托育机构数量并不多，高职院校教师带领学生进行实践学习的机会比较少。很多学生虽然已经熟练掌握了课堂上的理论知识，但由于缺乏实践性学习，就会出现上岗以后问题频出等情况。高职院校中大部分的实践课程都是以模拟娃娃为主要操作对象让学生进行练习的，但毕竟模拟娃娃不像真实婴儿一样能够表达自己的情绪，学生在毕业上岗后针对一些突发情况还是无法处理。因此，学校就要加强学生的实践学习，可以带领学生在附近的托育机构或者育儿所等地进行观摩，通过观察专业托育人员的托育过程和应急处理方式累积专业经验。也可以帮助托育人员处理一些简单的托育项目，如分餐、带领幼儿排泄等，经过一段时间的实践学习以后，学生会积累大量的实践经验。进行实践教学前，教师要叮嘱好学生一定要严肃认真地学习，用心呵护每一名婴幼儿。要让学生认识到托育服务的重要性，只有如此才可以使学生认识到自身的责任感，全身心投入专业学习中。假期期间，教师也可以布置一些作业让学生完成，通过帮助亲朋好友照顾婴幼儿，学到更多的育儿知识。教师在开展婴幼儿托育专业教育时，要将理论知识与实践内容相结合，让学生可以逐渐提升专业性认识，增加专业经验，由此才可以更好地使学生符合市场对托育人才的需求。

（二）职业技术培训能力不足

1.托育培训时间短

随着国家对托育服务行业的逐渐重视，很多企业商家发现了商机，根据社会对托育专业人员的需要，创办了所谓的托育培训班，从业者只要参加培训就能得到资格证书。很多人往往经过培训没有几天就可以持证上岗，这便导致托育服务质量参差不齐。由于市场上托育人才十分紧缺，很多私立托育机构为了能够快速培养出专业托育人才，也展开了相关的培训。如此不仅保障不了托育服务的质量，还容易因为操作不当等原因造成各种严重的后果。这种培训方式会在无形中影响到员工的学习态度以及工作态度。因此，国家要针对托育培训的内容设置好培训标准，要求从业者必须修满课时才可以达到上岗标准，工作中的托育人员也要定期进行培训学习，使知识体系以及行业道德标准能够不断提升，这样才可以提高整个托育行业的服务质量。

2.托育培训技术和能力不足

由于国家目前没有具体的托育行业服务培训标准，很多培训机构在对托育人员进行培训时没有具体的培训体系，导致出现培训技术和能力不足、满足不了托育市场要求的情况。很多培训机构在进行托育培训时，只是按照幼儿园或者早教的工作内容进行培训，但是托育服务与幼儿园和早教的本质是完全不同的，托育服务是针对0—3岁婴幼儿提供看护、饮食、教育等服务的，而早教是单纯地提供早期教育内容的，幼儿园通常只针对3—6岁的幼儿提供日托式教育服务。这两种服务方式不管是在服务对象上还是服务内容上都是有很大区别的。处于不同年龄段的婴幼儿，其生长需求以及心理需求都是不尽相同的，培训机构如果只是按照幼儿园与早教的方式对托育人员进行培训，会使托育人员掌握不了婴幼儿的身心发展需要情况，在进行服务时便会使婴幼儿出现不适应的情况，严重的还会影响婴幼儿身心发展，由此便会影响到托育服务的开展。优良的托育培训技术与完整的培训体系对托育行业的发展有重要的推动作用，国家要重视托育培训体系的完善，可以参考托育服务开展比较成功的国家的培训内容，再根据地方的托育需求构建相应的培训体系，使各大培训机构在对托育人员展开培训工作时，都能有章可依，能够有相对应的培训实力，使公立与私立机构的托育人员都可以学习到先进的托育服务内容，可以满足家长的各种托育要求。

3.托育培训目的太过商业化

由于托育行业的人才紧缺，很多私立托育机构的收费标准十分昂贵，很多私立企业嗅到了商机纷纷效仿开办托育机构。很多托育培训机构为了能够达到企业的培训要求，在开展培训时为了使托育人员能够快速掌握基本托育知识，培训人员只是将托育的基础内容快速地讲解，从而缩短培训的时间，使相关人员能够快速地结业，拿到所谓的专业资格证书。企业为了员工能够快速就业也不注重培训的具体内容，只希望托育人员能够尽早进入托育行业以扩大自身的利益，并且在对托育服务人员进行招聘时也没有具体的资质要求，在对人员进行培训时也只是简单走个过场就开始分配工作。这样便造成托育行业的服务质量参差不齐，使托育服务行业的发展受到很大的限制。私立机构在开展托育服务时，目的不是为父母解决托育问题，提供良好的托育服务，而是为了获取更多的经济利益，托育行业在这样培训目的太过商业化的情况下，必定会产生不良的行业影响，很多人员由于没有接受过专业的培训与考核便上岗就业。本身很多家长对托育服务就持质疑的态度，如果培训的目的太过商业化，只注重快速提升就业率而不注重专业技能的培养，必定会使信任托育服务的家长越来越少。婴幼儿群体在接受托育服务时必定没有很好的体验，不当的托育内容还有可能会影响婴幼儿的身心发育，由此便会影响到托育行业的发展。

（三）待遇低导致人才流失

1. 托育行业福利待遇低

国家目前还没有针对托育服务行业的待遇标准，虽然很多托育人员接受过专业训练，但由于托育行业的收入与保险等都得不到保障，托育行业在社会中没有发展的机会。很多托育机构在进行福利待遇设定时，只是按照普通劳工标准进行工资发放，但托育服务本身工作强度与责任要求标准都比其他行业高，这种付出与福利待遇严重不符的情况便会导致托育服务行业从业人员的大量流失。很多私立托育机构认为，托育人员是最底层的教育者，行业要求也不高，招聘的人员经过简单培训便可以上岗，没有必要在福利待遇上投入太多资金。长此以往，不仅会使在岗托育人员在工作过程中产生懈怠的情绪，还会影响到对婴幼儿的服务质量。随着托育政策的逐渐完善，国家也应提高对私立托育中心服务人员的福利补贴待遇，使更多专业人员投身托育服务行业，只有如此才会使托育服务有效展开。

2. 托育服务从业者社会地位低

所谓社会地位是指人在社会机构体系中所处的位置，主要决定因素有社会文化因素与权力因素等，通常人们的知识技能以及财富拥有量越高，社会地位就越高。作为托育服务主要工作者，托育人员的社会地位如何较少受到人们的关注。目前，不管是私立还是公立托育机构，托育人员的经济收入以及待遇都不算高，与国家公务员的工资水平相比还是有很大的差距。托育服务人员长期被封闭在托育环境中，在托育方面的话语权与决策权更是少之又少。不同等级的职称代表托育人员在托育机构的位置与地位，但是目前并没有针对托育行业职位评定以及专业培训进修的学术方案。从国家开展的托育人员在职培训与进修活动看，缺乏与托育服务相应的制度与措施，这便使托育服务行业相关人员的社会地位不被重视。实际上，托育人员的实际工作量以及所承担的社会责任与幼儿园教师、小学教师相比并不低，但由于社会普遍认为托育服务行业的专业地位低，托育从业人员也对托育服务行业产生怀疑，很多托育人员在遇到其他工作机会后纷纷放弃托育服务工作，由此便造成托育人才的流失和托育服务行业不稳固的现象。

3. 托育服务从业者工作强度大

托育服务的主要内容有育儿、保健、运动、学习等，内容多且杂，托育人员的工作内容不仅有对婴幼儿的生活照料还有学习教育等。机构中心的服务对象是0—3岁的婴幼儿，其大多都没有自理能力，生活中的所有事情都需要托育人员负责，通常一个托育人员要负责3个以上甚至更多的孩子，工作强度可想而知。很多托育人员在刚进入行业工作时信心满满，但经过长时间的高强度工作后，由于精神上以及身体上的劳累会产生转行的想法，这便导致大量的托育人才流失，托育市场人才依旧十分紧缺。现代家长对于育儿要求标准比较高，这在无形中也逐渐增加了托育人员的工作量。托育人员在这种超负荷的工作环境中便会逐渐失去耐心，降低服务的质量，慢慢还会影响到对婴幼儿服务的态度。机构中心在对托育人员进行工作安排时，为了压缩投入成本，会加大托育人员的托育比例，让一个托育人员照顾多名婴幼儿，没有考虑到员工的工作承受程度，在面对服务对象逐渐增多的情况时，没有根据托育人员的工作内容适时进行调整，这样便使托育人员身心俱疲，长此以往托育服务开展的速度以及质量受到很大的影响。托育机构应该根据入托的婴幼儿数量合理分配托育人员工作量，并根据托育人员的工作内容制定出合理的工作时间标准，要逐渐降低托育人员的工作强度，由此才可以使托育人员提供更优良的服务。

三、公立/私立托育机构矛盾突出

随着三孩政策的落地，很多家庭产生生育的愿望。但是由于大部分家庭都是双职工家庭，孩子生完以后谁来带成为社会的重要议论话题。现代女性的职业发展愿望强烈，休完产假以后就要立即投入工作岗位中。将婴儿交给保姆带费用高昂并且育儿质量得不到保障，将婴幼儿交给老人带又怕老人教育思想落后或者太溺爱孩子使孩子养成不好的生活习惯。国家针对民众的这一需求便提出了托育服务项目，在托育需求量较大的城市开办了公立托育机构。公立托育机构在价格、规范化、安全保障等方面有着显著的优势，受到了广大家长的欢迎与青睐。但是由于托育机构的数量有限，难以满足大部分家庭的托育需求，很多私立机构为了满足市场托育的需求也纷纷提供托育服务，但是由于家长的各种担忧使托育服务的开展并不顺利。部分家长偏好公立托育，原因如下。

（一）认为公立机构服务更完善

很多家长在选择托育机构时，偏好于公立托育机构，认为托育机构设施完善，托育人员服务内容更加专业，将孩子放到公立托育机构可以使孩子更好地生活学习。但是由于公立机构的数量比较少，每个班的托位人数有限，很多家长的托育需求得不到满足。国家目前还没有具体的公立机构实施标准，只是在一、二线城市中设立了一定数量的实验地点。随着托育需求量逐渐提升，实验托育地点很显然已经不能满足大部分家长的托育需求。由于受到地方经济发展的影响，很多地区在进行托育地点规划时，虽然选址能够达到国家要求标准，但是在建造过程中由于国家财政补贴不到位，公立托育机构的建设难以开展。国家虽然提出了普惠性托育以解决托育上的需求，但是目前并没有具体实施的方案，也没有具体的补贴方式，这便使地区政府在建设托育机构时有心无力，公立托育机构的建设与运营需要大量的财政支持才可以进行。公立托育机构在进行班级设置时，2—3岁的幼儿不能超过20名，并需要至少 7 名托育人员进行照顾。1—2 岁的幼儿班级人数不能超过 15 名，至少需要 5 名托育人员照顾。针对 0—1 岁的婴儿安排托育人员的比例则更高，一名托育人员通常最多只能照顾两个婴儿。但是由于目前托育人员紧缺，公立托育机构托育人员的工作量逐渐增大。很多公立托育机构虽然有增加托位的想法，但是由于托育人员数量不够，只能放弃这个想法。由此导致公立托育机构一位难求，很多家长在给孩子报名时很难占到托育的名额。公立托育机构的建立取决于地方政府的经济发展状况，因此很多经济不发达的地区虽然有很强烈的民众托育愿望，但是由于受到地方财力状况的影响使公立托育机构的建设难以开展。(见图 4-1)

假如只靠政府财政投入建立公立托育机构，公立托育机构在各地恐怕难以开展。虽然国家目前针对托育服务制定了各种政策，但由于财政投入的不到位，很多经济较为落后的地区托育服务还是没有具体的制定标准。虽然一部分发达地区的托育建设已经走在前列，起到了很好的示范作用，但是在短时间内全国托育机构缺乏的短板还是难以补足。很多家长虽然有强烈的托育需求，但是由于各种原因的担忧还是选择自己带孩子。各地目前的托育需求都比较强烈，尤其是城市中的双职工家庭，但是由于当地公立托育机构的数量缺失使很多家庭不得不选择保姆带娃，或者老人带娃。但是由于保姆的费用昂贵，很多工薪阶层无力承担。很多父母为了婴幼儿的看护问题不得不放弃工作全职带娃，这对社会经济的发展以及个人事业的发展都有很大的影响。虽然市面上目前也有很多私立托育机构，但是很多家长认为，私立机构的专业水准与环境水平肯定没有公立托育机构好，费用又太过昂贵还不如自己在家看孩子。国家虽然大力提倡托育服务的快速发展，但是由于每个地区经济发展的差异使托育行业的发展困难重重。国家应该针对不同地区的育儿需求制定出合适的政策以及补贴方案，加强公立机构的规划与建设。并制定托育行业相关法律法规，逐渐完善托育行业的行业准则，使私立托育机构的服务内容能够逐渐完善。从而推动托育行业能够快速有效的发展，使家长的托育需求能够得到满足。

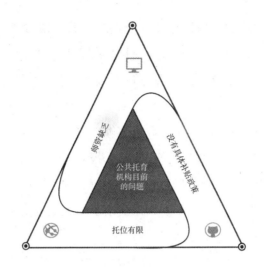

图4-1　公共托育机构目前面临的问题

（二）私立托育机构的服务质量遭受质疑

为了满足市场托育的需要，很多私立机构纷纷仿照公立托育机构的模式提供了托育服务。私立托育机构是企业自办的机构，且以社会力量投资机构为主。私立托育机构的口碑是非常重要的，很多家长怕缴费后私立托育机构跑路，机构服务质量难以保障。很多家长认为，私立托育机构的托育人员都是没有经过专业训练的，在对婴幼儿进行托育时没有明确的规则与制度，难免会产生照顾不当使孩子产生危险的状况。还有的家长认为，私立托育机构的环境设备以及教育理念都不够先进，婴幼儿在私立托育机构进行托育还不如自己带孩子。为了解决家长的一系列忧虑，使托育市场能够快速发展，国家开展了普惠性托育服务，在建设以及人员资质要求上都提出了一系列的要求。私立机构只有在满足国家相关标准的基础上才可以开展办园。很多私立机构为了企业的良好发展，不断带领托育人员进行学习培训，使托育人员的专业技能逐渐提升。并且还针对婴幼儿的年龄特征设置了不同的课程体系，能够让婴幼儿智力与体能都可以得到不断的开发。在环境设置上参考发达国家的托育经验结合当地家长的托育需求，制定了优良环境标准。目前很多私立托育机构的环境标准以及人员专业性已经与公立机构的质量不差上下。并且由于私立机构为了自身的品牌影响，往往会不断加强对员工的管理并且注重服务质量的提高，很多私立机构是以惠普性的模式进行经营的，在服务质量方面不仅严格按照国家标准执行，在价格上也与公立机构无异。因此在当地公立托育机构数量不足的情况下，家长是完全可以选择合适的私立机构让孩子接受托育服务。

三胎政策落地后，国家逐渐增加了普惠性托育服务供给，为了推动托育服务机构的建设，支持企事业单位等社会力量共同创办托育机构。但由于我国目前还处于托育服务发展初期，托育服务发展没有具体的规划，托育服务的水平提升比较慢。并且由于相关人员的培训标准还没有得到落实，导致专业人才大量紧缺。托育服务目前还处于起步阶段，很多城市开展公立托育服务还没有具体的相关参考标准，目前还只是在实验性阶段。国家在扩大托育机构规模的同时难免会忽视质量的建设，很多公立托育机构由于托育人才紧缺，在进行人员配比时，往往会增加托育人员的工作量，这样一来不仅会降低服务的质量，还会因为过大的劳动量使托育人员产生懈怠情绪，影响到婴幼儿的身心发育。并且国家目前还没将公立托育机构人员的编制收入体制内，在待遇方面也不如私立机构。很多托育人员在经过一段时间工作后，认为工作强度与收入严重不匹配会产生转行的愿望，从而造成托育人员的流失。很多公立托育机构在进行人员招聘时，只是采用义务性服务的方式招聘托育人员，对托育人员也没有具体的专业要求。这样的方式不仅托育质量得不到保障，还会因为人员的流动性引起婴幼儿的各种身心抵触。很多婴幼儿在刚熟悉一个托育人员以后就开始更换，难免会使婴幼儿产生各种不良情绪，并且频繁更换托育人员也容易造成交叉感染。因此，国家要针对公立托育人员制定适宜的福利待遇标准，使托育人员的工作稳定性逐渐提升，由此才会使更多的专业人员投入托育行业中进行服务。

（三）私立托育机构费用偏高

公立托育机构属于公有制，托育机构的建筑费用、日常费用以及托育机构员工工资的发放，都是由政府财政拨款，并非以营利为目的，所以收费会更加便民。而不同于公立托育机构，很多私立机构在建设时为了符合国家的相关标准不得不加大对机构建设的投入，并且由于符合托育相关资质的人员较少，不得不增加培训的成本或者高薪聘请公立托育机构的人员提供托育服务。为了使投入成本得到平衡，私立托育机构不得不提高托育服务的收费标准。国家目前对于私立机构的建设要求比较严格，在场地设施上要求托育机构必须有自有场地或者不低于三年的租赁场地。场地必须具备良好的自然环境，要建立在没有建筑危害以及污染源的地区。建筑材料必须符合卫生与环保要求并且具备抗震与防火的功能。家具与教学材料等必须符合国家相关的安全质量标准，还要配备相应的室外活动场地。符合这样条件的私立托育机构的投入成本可想而知。私立机构为了能够平衡投入成本，快速地进入赢利状态，只能收取比较高额的托育费用。但由于大多数家庭都是普通工薪家庭，对于数千的托育费用难以承受。在公立机构数量太少且私立机构费用太高的情况下，只能由保姆或者老人照顾孩子。但是市面上很多保姆的费用也不低，八成以上的工薪家庭只能由老人承担起照顾幼儿的重任，很多老人在照顾完一胎后，已经没有更多的精力去照顾二胎三胎，很多家庭因为孩子无人照顾只好放弃生二胎的愿望，人口的增长由此受到很大限制。倘若国家针对私立机构提供一定的政策补贴，将托育费用降下来，很多家庭的育儿问题都会得到解决，生育率自然也会有效提升。（见图4-2）

为了满足托育市场的需求，市面上的私立托育机构数量在不断增加。但由于私立机构的费用比公立机构的费用高出许多使很多家长难以承受。据调查，一线城市中的私立托育机构一般月收费在3000左右，环境优良一些的教育内容更加丰富的能够达到5000左右，很多工薪家庭因为经济收入的原因往往会选择价格更加低廉的托育机构。但是由于国家目前并没有针对私立托育机构的补贴政策，虽然开展了惠普性政策，但是很多私立机构在进行政策申请时可以说是困难重重。费用太过低廉难免会导致入不敷出的现象，私立机构为了能够使托育机构能够正常运营便会从服务质量入手而降低投入成本。通常会对人员配比进行调控以及饮食质量方面进行降低。由此便会使婴幼儿的基础生理需求达不到满足。家长会认为托育服务质量影响孩子的生长发育，就不得不选择价格昂贵的私立托育机构。生活经济压力也会随之提升，这样不仅违背了开展托育服务的目的，也会影响到托育行业的正常发展。由于很多地区的硬件条件有限，难以开展公立托育服务，并且很多公立托育机构的人数要求比较严格，往往会限定招录名额。很多家长在产假结束后由于育儿问题得不到解决，只能将孩子送到私立机构。私立机构在开展时由于受到房租、人工费用的影响不得不考虑提高费用标准。以上种种都是影响托育服务行业发展的主要原因。国家应该针对各地的需求制定出一定的补贴政策，让私立机构能够为婴幼儿提供更好的服务。

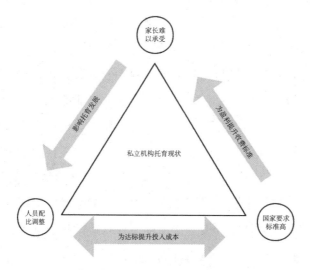

图 4-2　私立托育机构面临的主要问题

四、私立机构建设面临巨大挑战

科学的早期教育与托育服务不仅能够解决家庭的育儿问题，增加社会经济效益，还会大大激发婴幼儿的学习潜能，提升人口的综合质量。但是目前的托育服务市场价格偏高，很多工薪家庭难以承受。在排不到公立托育机构的学位时，只能无奈放弃工作全职照顾孩子。这在我们的现实生活中非常普遍，很多女性并不想离开自己的工作岗位，但是面临育儿的问题，她们又不得不放下自己手头的工作，甚至这还会成为女性群体上班讨论的主要话题之一。很多私立机构虽然看到了市场的需求并提供了托育服务，但是国家目前还没有统一的运营标准与行业准则，使托育机构的质量参差不齐。很多托育机构虽然有优良的师资配置，但是由于国家对于托育服务机构建设要求标准太高，很多牌照难以申请使私立机构不得不放弃托育机构的创办。由于托育服务行业是新兴的行业，在人员配置上一般的托育机构往往是选择具有一定育儿经验的母亲或者社会闲散人员，这些人员只是经过简单培训以后就开始上岗工作，这样便使服务质量得不到基本的保障。虽然许多家长有去私立机构托育的愿望，但是由于社会各种不良育儿事件的影响使家长对私立托育机构的服务质量逐渐产生怀疑。国家目前在托育服务质量监管上也没有具体的明文规定，这便使很多私立托育机构的行为得不到约束。地方政府应该结合国家发布的相关条例将幼儿托管服务纳入公共服务体系中，制定出相关的准入机制以及行业标准，使私立托育机构的质量能够逐渐提升。并要不断加大财政的投入，积极推进普惠性托育机构的创建，使私立托育机构能够在提升服务质量的同时降低自身的收费标准，从而能够在根源上解决社会的托育问题。

很多家长虽然有强烈的托育需求，但是对起步较晚的托育行业还是持观望的态度。很多托育从业者虽然认识到托育行业的发展前景，但由于国家发展制约等因素社会私立托育机构难以展开。由于国家目前还没有发行与托育相关的规章制度，很多托育机构在开展时只是仿照幼儿园的模式进行。并且由于国家对于托育牌照的要求比较严格，要求相关负责人必须具备 3 年以上公立机构教育经验，并且有高级育儿师资格证以及教师资格证才可以申请办园。托育环境的建设必须通过消防与环评标准才可以达标。这便使很多私立机构在提供服务时有心无力，不得不以早教培训与幼儿园的形式开展托育服务。但是很多托育教师都是学前教育毕业生，针对 0—3 岁的婴幼儿托育工作完全没有经验，必须经过重新培训以后才可以上岗工作。市面上又缺少相关的培训机构，这便使托育人才处于十分紧缺的状态。虽然很多高校也开设了早教健康管理专业，但是由于刚毕业的老师缺乏实际经验，面对婴幼儿的基本生理问题很不适应，遇到特殊情况时往往是手足无措。很多家长认为社区开展托育服务或者企业单位开展托育服务费用低廉还能顾及自身的就业需求。但是现代化托育机构不仅要有专业的师资，还要有针对幼儿潜能开发的体系课程。并且很多社区在开展托育服务时由于受到硬件设施的影响在开展时也是困难重重。企业单位为了提升员工的工作效率，虽然尝试着提供托育服务，但是由于国家的各种制度不得不停止服务供应。

第五章 基本公共服务均等化理论视域中社区托育服务的优化发展策略

第一节　基本公共服务均等化理论在中国的发展演变历程

一、基本公共服务均等化理论在我国的发展

目前，公共服务均等化已成为我国社会经济生活的发展方向和奋斗目标。2012 年，党的十八大报告首次提出了"基本公共服务均等化"的要求，标志着基本公共服务均等化成为社会建设的重要目标。作为人类社会发展到一定时期的产物，公共服务均等化理念从形成到发展的背后蕴含着深刻的政治、经济以及社会文化逻辑。总体来看，自中华人民共和国成立之后，基本公共服务均等化理念在我国的发展与变迁与我国经济体制、相关政策的支持息息相关。

（一）1949—1978 年：我国基本公共服务低水平平均供给阶段

中华人民共和国成立之后至改革开放前，我国经历了一系列经济社会变革。在此期间，我们的党和政府不仅致力于社会经济的恢复与发展，加强社会主义建设，还积极肩负起了为人民群众提供公共服务的责任，投资兴办了各种各样的社会事业，主要涉及教育、文化、卫生以及科技等方面，为我国公共服务体系的建设与完善打下了基础。但在中华人民共和国成立初期，受到我国当时经济发展水平的制约，再加之高度集中计划经济体制带来的影响，我国公共服务体系不太健全。从总体上来看，这一阶段，我国基本公共服务主要以平均导向为原则，虽然这一阶段的基本公共服务有着较为广泛的覆盖面，但是整体水平比较低，可以将这种状态看成是一种"低水平的平均供给"。而且，这一阶段，城市与农村之间的公共服务供给有些许差异，使得我国城乡二元公共服务体制初具雏形。这主要体现在两方面，一方面，对于居住在城市的居民来说，其公共服务需求由国家财政负责满足。在吃、穿、住以及医疗等方面，城市居民实行的是具有公有消费性质的制度安排，

而且，在教育、公共设施、基础设施以及医疗卫生等方面，城市居民所享用的相关服务也都由国家财政负责满足。另一方面，对于居住在农村的居民来说，其公共服务的提供主要依靠制度外供给，人民公社是实施的主体。

（二）1978—2004 年：我国基本公共服务差异化供给阶段

自十一届三中全会以来，我们党和国家的工作重心逐渐发生了转移，关注点聚焦于经济建设这一中心上，力求通过调整党和国家的政策目标，不断推动我国经济高速、高质量发展，为我国公共服务体系建设打下坚实的物质基础。1993 年 11 月，党的十四届三中全会召开，在会上进一步确立了建立社会主义市场经济体制的目标，强调在区域经济的发展以及个人收入的分配方面，都始终遵循效率优先、兼顾公平的原则，坚持鼓励一部分人、一部分地区先富起来，主张发挥先富的引领、带头作用，以带动和帮助后富，一步一个脚印地实现共同富裕。基于这样的原则和先富政策指导，再加之受到旧体制带来的影响，我国仍然实行的是城乡分治的政策，在公共服务领域所体现出来的就是差异化地提供基本公共服务，随着时间的推移，慢慢形成了"偏城市、轻农村"的政策导向。自 20 世纪 90 年代以来，虽然我国陆陆续续颁布了很多与社会保障、义务教育、公共就业以及公共医疗卫生等方面有关的各种法律法规与政策措施，并获得了显著的成效，但是这些法律法规和政策发挥的主要作用集中于提升我国城市公共服务水平。从整体上来看，这一时期我国城市与农村在基本公共服务的供给方面从"低水平的平均"慢慢拉开差距，逐渐过渡到"非均等"状态，这样的状态不仅对城乡经济的均衡发展带来负面影响，还从一定程度上对整个社会的和谐稳定发展造成一定阻碍。基于此，2003 年 10 月，党的十六届三中全会提出了科学发展观的基本理念，并提出了"五个统筹"的思想与要求，其中就包括统筹城乡发展和统筹区域发展。2004 年 9 月，党的十六届四中全会召开，会上主张秉承以人为本、全面协调可持续发展的科学发展观，积极鼓励扩大就业再就业，提出要重视社会保障体系的完善，大力发展各项社会事业，主要包括教育、文化、体育、科技、卫生等。由此可见，我们党和政府在这一时期非常重视改善"非均衡"状态，这对于我国公共服务体系的发展与健全具有重要意义，有益于我国公共服务水平的提升。

（三）2005—2021 年：基本公共服务均等化理念的提出与实施阶段

2005 年 10 月，中共十六届五中全会召开，会上颁布了《中共中央关于制定国民经济和社会发展第十一个五年规划的建议》（以下简称《建议》），其中第一次提出了公共服务均等化的原则。自此，有关公共服务均等化的研究热潮在全国范围内兴起，与此同时，党和政府在会议和文件中多次重申公共服务均等化这一理念。特别是《建议》中强调国家要加强对欠发达地区的鼓励、引导与支持力度，不断推进民族地区、边疆地区、革命老区以及贫困地区经济社会的发展，对于我国中部地区、东部地区、西部地区公共服务均等化的实现具有划时代的意义。

2006 年 3 月，我国出台了《中华人民共和国国民经济和社会发展第十一个五年规划纲要》，文件中正式提出了"逐步推进基本公共服务均等化"。2007 年 10 月，党的十七大召开，该会议强调要针对基本公共服务均等化的实现，加强主体功能区的建设，以及公共财政体系的优化，做好相关的战略部署，积极主张要不断缩小区域发展之间存在的差距，将重点放到基本公共服务均等化的实现上。2008 年 2 月，十七届中央政治局第四次集体学习于北京举行，提出在公共服务体系建设过程中，基本公共服务均等化是一个长远的目标，同样是建设人民满意的服务型政府的重要价值追求，但是要想完成这一目标和价值追求，不能一蹴而就，必须逐步实现。2009 年，在全国财政工作会议上，提出要重视公共服务均等化建设，不断加大对民生领域的投入，如医疗卫生、社会保障、教育、就业等，并逐步向中西部地区倾斜。2012 年 11 月，党的十八大再次强调"公共服务均等化"这一改革命题，并将其置于重要的战略地位上，同时进一步明确了从整体上实现基本公共服务均等化的更高目标，并以效率与公平的关系为基础，对更加"注重公平"的理念作出了重要阐述。这为我国基本公共服务均等化的进一步建设与发展，以及不同地区之间基本公共服务差距的缩小提供了正确、清晰的方向。

（四）2021年以来：基本公共服务均等化理念的优化阶段

2021年，全面建成小康社会目标如期实现，我国开启全面建设社会主义现代化国家新征程。由此，"高质量发展"和"共同富裕"成为指导基本公共服务均等化的重要理念。

基本公共服务均等化基线由以往的重视"物质条件"发生了一定转变，更加重视"物质条件"和"精神条件"的兼顾。共同富裕主张全面富裕，其中不仅包括人民群众的物质富裕，还包括精神富裕，所以，从基本公共服务均等化的需求方面来看，如果其需求更加侧重于物质条件，则表明财政托底力度越强；如果其需求更加侧重于精神条件，则表明公共服务的优质性更高。在前三个发展阶段，基本公共服务均等化更偏向立足于对人民群众生活保障、生存需要以及基本健康方面，这几个方面属于物质层面，力求不断提升低收入人群的获得感。进入共同富裕新阶段之后，随着人民群众低层次需求逐渐满足，公共服务会更加偏向于更高层次的服务内容，如心理健康、文体娱乐、社会保障、教育培训以及医疗卫生。

基本公共服务均等化的供给要在保"生存权"前提下转向保"发展权"。进入新的发展阶段，服务型政府的建设由中低水平向高水平转变，是新时代新发展的大势所趋。人民对美好生活的向往体现在对高质量公共服务的需求上，从"有服务"转向"优服务"。基本公共服务均等化的供给从政府主导供给、政府购买服务以及政府和社会资本合作模式，到社会力量的广泛主动参与等多元化供给模式，不断满足愈加多样化的公共服务需求。通过市场主体的参与形成的良性竞争，倒逼基本公共服务的供给质量提档升级，进一步保障人民群众的"发展权"。

第二节　基本公共服务均等化理论的发展对社区托育服务的指导性

基于基本公共服务均等化理念在我国的发展演变历程，总结出以下几点有益经验：第一，要完善相关政策法规，让社区托育服务的发展有法可依。第二，加大公共投入和保障力度，加快社区托育服务的城乡一体化建设，不断加大对乡村社区托育服务的财政投入力度，加强高质量公共服务资源的提供，并逐渐向农村拓展与延伸，加快乡村地区社区托育服务体系建设。第三，建立健全多元化机制，进一步向乡村倾斜公共配置资源，不断推动人口、货币、财政以及土地等政策的颁布，聚焦社区托育服务均等化，形成强大的合力；不断增强基层村社社区托育服务资金使用的效能，建立健全社区托育服务资金的使用、监督以及绩效考评机制，提升村社参与社区托育服务的获得感和满意度。第四，加强师资力量的供给，为社区托育服务的发展提供良好的师资力量。第五，提升社区托育服务机构水平，提供优质的社区托育服务。

一、完善政策法规，为托育服务提供制度保障

正所谓"无规矩不成方圆"，社区托育服务工作的开展需要相关法规政策的保障，如此才能够切实保证社区托育服务工作的实际开展效果。完善政策法规，需要结合社区托育服务工作的现状展开。特别是社区托育服务工作过程中所面临的问题，是需要我们重点解决和优化的内容。就当前而言，我国社区托育服务的法规建设并不健全，虽然国家已经出台了相应的法律法规，但是具体内容条款不够细致，这就在一定程度上影响了社区托育服务机构的后续有效管理。也正因为这个原因，社会诸多托育机构开始钻法律的空子，从而影响了社区托育服务工作的实际开展。对此，我们就要完善政策法规，强化社会对于幼儿托育服务机构的制度保障，如此才能够切实提高对社区托育服务机构的实际管理效果。

（一）完善政策法规的原则

1. 结合实际

政策性内容的创设，主要还是以解决现实问题为目标，而不是简单地作为一种摆设，否则不利于社区托育服务工作的实际开展。当前一些社区托育服务相关的政策性内容相对较为笼统，要将多元化的托育服务体系覆盖到城乡，主要从思想层面进行内涵的表达，而没有对具体管理过程中的实质进行清晰的阐述。这种政策性内容的创设缺乏实际价值与意义。现如今，越来越多的家庭有着强烈的入托需求，从由家中老人照看到选择专业看护，从培养孩子自理能力到为孩子创造广阔的社交空间，家长的托育需求呈现多样化特点。以家长多样化托育需求为导向，社区托育服务法律法规的完善要更加精准，以不断地满足人民群众多层次的托育需求。此外，随着科学育儿理念的深入，再加之家长对孩子重视程度的加深，家长普遍追求更加专业化的托育服务，不只是希望可以有人帮忙照看孩子，还希望孩子得到专业化指导以实现健康快乐成长。因此，为了促进社区托育服务工作的开展，在完善相关政策法规的过程中，必须立足于实际情况，深入挖掘社区托育服务内涵，以家长多样化的托育需求为导向，支持、鼓励扩大优质托育机构数量和规模，不断提升托育机构的专业性，为托育服务工作的实际性开展提供指导。

2. 政策法规要具有科学性

政策性内容的建立，需要保证其内容的科学性，这是保证政策能够发挥实际作用的重要基础。因为只有建立科学的法规，才能够保证政策内容发挥长远实际效果。而且针对科学托育政策的建设，需要进行综合性的考量，要能够从各个角度出发进行综合评估，而不是在发现某个问题之后建立针对性的法规，这样能够保证法规内容的综合性和全面性。科学的社区托育服务需要将各种情况综合考量在内，包括社区、家长、幼儿三方主体，以及一些具体性的内容，如幼儿的管理工作、社区的职责等，这些都需要在相关法律法规的制定过程中进行详细的阐述，否则就难以发挥出实质性的价值作用。规范发展多种形式的婴幼儿照护服务，必须将科学规范作为首要条件，建立健全的婴幼儿照护服务的法律法规体系。

坚持以人民为中心的基本价值立场可以有效推动托育服务的发展，提升人民群众的幸福感，要以满足广大群众对社会化托育服务的需求为科学的衡量标准。只有尽快形成以家庭为中心、政府主导、社会进行补充的托育服务体系，才可以更好地完善家庭托育管理规章体系。完善社会托育服务要注重托育服务事业以及产业的共同发展。只有发挥好示范以及保障的作用，才可以为构建多类型的服务机构奠定基础。

3. 政策法规要具有约束性

政策性法规内容的制定就是要强化对社区托育服务的管理，从而加强对社区托育服务工作的约束性，以达到强化社区托育服务管理的作用。因为社区托育服务工作的开展是一项关系民生的重要社会内容，只有加强规范、引导和约束，才能够更好地提升社区托育服务工作的实际开展效果。反之，如果缺乏约束性，那么社区托育服务法规的制定也就失去了其原有的价值与意义。在保证社区托育服务约束性的基础上，社区托育服务工作的开展才能够变得更具效果性和价值性。在引导社会力量提供多元服务过程中，应将家庭式的托育服务形式纳入政府管理体系，并将其归入非营利体系。非营利力量在托育服务多元化发展过程中充当着重要的角色，可以帮助政府将小规模的机构纳入管理范畴。加快发展惠普性社区型托育机构就要考虑到市民的经济承受能力和入托便利性。各级政府要将发展惠普性社区托育机构作为政府的重要职责，使更多的家庭都可以享受到托育服务。在积极鼓励社区力量参与托育事业的过程中，要加强对托育质量的约束性，通过不断提升托育的质量标准，使各机构组织单位都能够不断提升自身的专业性，提升托育质量。此外，在加强社区托育服务工作的过程中，对于约束内容的设计需要秉承科学性的原则，如此才能够保证其内容的合理性与合规性，才能够切实推进社区托育服务政策性内容的有效制定。

4. 惠普优先原则

婴幼儿照护服务事关婴幼儿健康成长，为提升托育服务能力，促进托育服务健康发展，充分调动社会力量的积极性。社会托育服务要围绕群众的基本需求，坚持惠普优先的原则。要通过政府购买力水平等举措支持社会力量以及创办普惠托育机构。为持续提高人民的幸福感，就要从托育服务健康发展的主要举措出发。不断健全幼有所育的政策体系，分层次加强科学规划布局。统筹推进城乡托育政策，不断推动相关财税补贴的有效落实，从而提升人才供给的能力。通过多方参与不但增强服务供给，使家庭照护的能力可以逐渐增强。在优化社区托育服务过程中，要集中管理社区服务网络，通过不断提升公办机构服务水平，加强公办托育机构建设，可以有效推进发展。促进惠普型托育服务融合发展，就要持续强化托育服务内容的研究，通过不但提升托育服务质量，可以加强托育环境的建设。为贯彻落实党中央的决定部署，要更好地发挥各级政府的作用。通过不断激活社会力量，可以更好地实现社会效益以及经济效益的统一。

（二）社区托育法规的具体完善内容

社区托育服务工作的开展需要政策性法规的保障，这样才能够有序推进政策性法规的落实，但是鉴于当前社区托育政策性法规尚不完善的情况，我们就需要对这部分内容进行细化，如此才能够切实推进社区托育服务工作的有效开展。关于社区托育法规的具体内容，则需要从以下几个方面展开：

1.加强社区托育组织机构的建设

当前一些社区托育服务机构都是由社区物业或者社区居民自主创设，其本身缺乏一定的组织性和纪律性。虽然在建立相应的社区托育服务机构时，也规定了一系列规章，但是当时的规章只是处于一种设想的层面，相对较为笼统，并不便于具体实践落实。在组织具体性的社区托育服务工作时，就会发现当时制定的各项内容并不完全符合实际需要，但是也并没有根据社区托育服务工作的开展进行相应的补充和完善。对此，我们就要对社区托育服务工作中经常遇到的问题进行汇总，并且构建出具有普遍性和统一性的社区托育服务体系，并通过法律加以完善，这样不仅能够有效增强社区托育服务工作的实际性开展效果，还能够有效保证和改善社区托育服务工作的有效开展。在社区托育组织机构的管理和带动下，社区托育服务工作的开展便不再以一种散漫的形式进行，而是形成了具有统一领导的托育服务模式。这样的组织架构能够发挥出其协同管理的作用与价值，进而有效保证社区托育组织工作的全面推进与管理制度的落实。此外，在有效推进社区托育组织机构建设的基础上，我们还需要保证社区托育服务组织机构建设的完善性。对此，可以设立专门的领导组织架构体系，如管理部门、教育部门、服务部门、后勤部门等，从而实现各部门组织人员的统一协调。

对于各个部门以及各个岗位的职责，也需要进行具体性的规定，这样才能够促使管理部门以更好的方式和更加有效的管理服务该部门，从而达到丰富公共服务机构工作内容的目的。在开展社区托育服务工作的过程中，需要制定相应的具体流程，这样才能够确保社区托育服务工作的有效性开展与推进。社区托育服务流程是针对社区托育服务工作有效开展的一种实际性指导策略，只有在这个基础上，才能够对社区托育服务管理工作进行规范的指导和管理。而且这个流程的设定需要以高效为基础，要摒弃烦琐的管理性方式和内容。家庭式托育服务形式应该纳入政府的管理范畴，通过多方力量的参与帮助政府将不同规模的机构纳入管理体系中。社区街道以及社区卫生服务中心，要积极参与到托育服务工作中，在国家的监管背景下，可以促进机构标准化的政策出台。只有不断落实社区托育服务的工作责任，定期对本区托育服务管理的问题进行协商，努力推进综合管理格局，才可以更好地设立托育服务中心，做好服务管理工作。

2. 细化社区托育服务的内容

社区托育服务工作的开展需要以基础性的公共服务内容为保障，如此才能够为具体工作的开展提供实际的指导，这就需要管理者进行深度细化，从管理的角度出发，从托育实际的角度出发，从服务的角度出发，切实做好社区托育服务工作，如此才能够提高社区托育服务工作的实际价值。比如，对社区托育服务工作的开展而言，我们就要从如何实现有效管理的角度出发，针对社区托育服务工作的内容作具体规定，如幼儿托育的时间设定，这就需要根据社区和家长的工作时间进行协调。如果社区内的幼儿家长都是在上午八点半上班，那么社区托育服务机构迎接幼儿的时间就需要设定在八点半之前，这样才能够为幼儿的父母提供实际性的便利。针对社区托育服务机构的下班时间，则同样需要与家长的下班时间进行结合，至少需要晚于大部分社区家长的下班时间。社区幼儿托育的费用，也需要进行具体的量化，如此才是保证和推进社区托育服务机构得以有效开展的基础。但是对费用的设定，既要结合市场费用的设计，又要结合社区内的托育条件，做到公平、合理和透明，这样才能够确保社区托育服务工作得到社区内家长的支持和认同。针对社区托育服务工作的具体内容，则需要在借鉴市场托育机构服务内容的基础上进行合理规划，同时也要进行适度的创新，需要彰显出社区服务机构的自身特色，这样才能够吸引幼儿家长，才能够保证社区托育服务工作的有序开展，这也是保证社区托育服务工作得以有效推进和落实的重要基础。

社区照护服务时间是婴幼儿照护服务供给体系中的主要内容，在开展过程中要根据当地的实际情况进行。要不断跟随政府的引导，保障好婴幼儿照顾服务机构的基础供应。要不断推进社区托育服务设施的建设，支持鼓励托育机构积极申报预算内项目投资。通过购置等方式不断完善社区托育设施。同时也要加强农村社区婴幼儿照护设施的建设，重点在社区综合服务设施建设中，考虑到婴幼儿照护服务建设，使社区婴幼儿照护服务设施能够与社区文化、卫生等功能衔接，发挥更多的作用。在开展社区托育服务过程中，要鼓励托育服务积极性较高的队伍从实际出发试行开展，通过不断探索形成各具特色的托育服务体系。在试点单位开展托育服务过程中，要利用公共服务资源发展婴幼儿照护服务，利用社会力量扶持有育儿经验以及相关资质的个人提供家庭式托育服务。通过开展托育服务示范性活动，建设示范性托育机构，可以加快形成多元化的婴幼儿照护服务体系，满足更多家庭的需求。只有不断鼓励和支持托育服务事业的发展，做好政策支持以及税费优惠的支持，才可以形成托育事业发展的新局面。为充分调动地方政府以及社会力量参与的积极性，要出台一些与用地保障、发展规划相关的政策，通过不断改善基础设施以及硬件设备，有效提升社区托育服务的硬件质量。托育机构要做好人才队伍建设的工作，通过不断规范入职标准以及提升培训力度有效激发托育机构内质量的增长。

3. 建立社区托育服务奖惩机制

社区托育服务工作的开展需要制度性的管理和约束，这样才能够确保社区托育服务工作开展的实际效果。所以在对社区托育服务工作进行规范和指导的过程中，就需要引入奖惩机制，既要鼓励社区托育服务人员能够积极有效地参与工作，从而提高自身和整体的工作效率，又要对社区托育服务人员的实际行为进行规范和指导，如此才能够确保社区托育服务工作的实效性。当每一名社区托育服务工作者的头上都悬着一把"达摩克里斯之剑"，那么其就不会开展无序的工作。这也就从另外一个角度说明，加强社区托育服务机构的整体性管理工作至关重要。如果不能够对社区托育服务机构进行有效的管理和约束，便难以真正发挥出社区托育服务工作的实际价值。而想要提高社区托育服务工作的实际约束力，就需要针对社区托育服务工作的质量进行奖惩，如对于表现较为优秀的社区托育服务工作者，就需要加以奖励，而对于在社区托育服务工作中表现一般的工作者，则需要加强引导，但是针对那些缺乏责任心和教育认识的社区服务工作者，就需要通过惩罚的方式提高他们的警觉性，这样才能够有效规避一些恶性事件的发生。

二、增加公共投入和保障

社区托育服务工作的开展需要基础性的建设和保障，这也是完成和完善社区托育服务工作的前提。社区托育服务虽然属于社会性机构，但是其同样属于公共服务领域的重要组成部分，这就需要相关部门在加大公共服务领域投入的同时，做好社区托育服务的基础投入工作，为社区托育服务工作的开展提供基础保障。

（一）增加公共投入

1. 增加财政投入

财政资金是保证基础公共服务有效开展的基础，在推进社区托育服务工作的过程中，财政资金的支持能够更好地保证和优化开展基础公共服务的实际效果。反之，如果没有财政资金的公共投入，那么社区托育服务机构在进行基础建设的过程中，就可能会面临资金短缺的局面，从而严重影响开展社区托育服务的实际效果。所以，针对社区托育服务机构的实际开展，就需要从公共投入的角度出发，切实加强和推进公共服务的财政资金的投入，以帮助社区托育机构能够实现相应设施的完善与提高。但是，针对财政投入资金需要进行量化，因为财政投入资金并不是按需分配，而是需要根据整体发展规划进行协调。特别是在财政投入资金紧缺的情况下，就要更加注重财政资金的节省，而不能够肆意花费，否则只能够为社区公共服务工作的整体开展带来阻碍。对公共投入资金需要进行合理分配，这就要求社区托育服务机构的工作人员将社区托育实际需求进行优先次序的安排，然后才是根据优先次序进行财政资金的合理分配，否则还是难以保证财政资金的有效运用。当然，社区托育机构应根据自身的实际需求主动进行相应财政资金的申请，而不是坐等财政资金的主动下发，否则还是会影响财政资金的实际使用效果。各级政府必须履行好主体责任，不断增加政策投入，为开办托育服务机构提供更多的财政支持。

在针对财政资金进行科学合理安排的过程中，社区托育机构都需要将各项资金的支出以及明细进行记录，并且做到公开和透明。针对财政资金的申请与使用，社区托育服务机构需要首先做好前期调研工作，因为这是推进社区托育服务机构工作有效开展的基础。具体的内容包括需要采购的设备内容以及成本，都要进行前期的认真调研，这样在进行财政资金的申请时才能够有理有据，也才能够得到相关财政部门的审批认同。当然，这对社区托育服务机构的资金使用也做出了具体的方向指定，能够更好地保证社区托育服务机构公共服务工作的有效开展。目前我国的托育服务还处于发展阶段，托育服务的专业化水平还有待提升，托育服务的质量也是参差不齐。在扩大财政供给的同时也不能忽视质量建设。想要托育行业科学化发展就要保证托育服务的质量。相关部门只有不断加强政策法规的建设，增加财政经济的投入，才可以为托育行业的发展保驾护航。

2.增加公共设施投入

开展社区托育服务工作需要诸多基础性的公共设施，这也是引导幼儿自主发展的基础性建设内容。如果社区公共服务机构缺乏公共基础设施的投入，只能为幼儿提供一片空地和一些简单的玩具，幼儿难以有效开展户外体育锻炼，自然也就大大降低了社区托育服务机构的实际性开展成效。在增加社区公共服务设施投入的过程中，也需要进行科学的规划和安排，而不能够盲目地投入。社区托育服务机构需要针对公共设施的建设建立一定的基础性标准。比如，针对一些能够锻炼幼儿身体素质，并且能够吸引幼儿兴趣的基础设施，社区公共服务机构就要对此加以引入，但是针对那些跟风式的基础性设施建设内容，则需要进行仔细斟酌，不能盲目引入。

公共设施的安装与落地，需要社区托育机构针对当前的户外场地进行合理规划，可以将不同类型的基础公共服务设施进行分类建设，而不是将其集中在某一片区域，否则就会影响基础性公共服务设施的建设进度。如此一来，幼儿在社区场地内进行娱乐活动时，也就能够呈现出一定的区域性，包括教师在向幼儿讲解不同基础公共服务设施的使用方法时，也能够进行集体性的讲解，而不需要分散教学，这样也就能够更好地提高课堂教学效率。当然，我们当前的首要任务是加大公共设施的投入，因为当前我国在社区托育服务方面的基础设施投入存在明显不足，这也是我们在开展社区托育服务时的一项弱势。对此，我们就要从加大基础设施投入的力度入手，做好基础设施建设工作，以满足幼儿娱乐的需要，也可以提高幼儿的身体素质，为其健康成长提供相应的支撑。针对托育服务供给能力不足、托育服务质量参差不齐的问题，既要促进发展、增加数量，更要规范管理、保障质量。要严控准入标准，遵守托育机构建筑设计规范，托育机构的场所选址、场地面积、设施功能、消防安全等需满足安全规范和质量要求，取得相应资质方可为婴幼儿提供服务，收托婴幼儿数与从业人员保持合理比例，促进托育服务协调和开放发展。

（二）增加公共保障

开展社区托育公共服务不仅需要公共基础设施建设的投入，还需要基础性的保障，这样既能够从源头出发提供支撑，又能够从全局出发，为公共基础设施的建设提供协同性的服务保障。关于增加社区托育机构的公共服务保障，需要从三个角度出发：

1. 做好基础公共服务检查

基础公共服务工作的开展需要做好相应的基础检查工作，这也是保证社区托育服务工作有效开展的基础。因为在推进社区托育公共服务内容的过程中，需要我们从具体实践的角度出发，做好公共服务基础工作的检查，这样既能够引起相关工作人员的重视，又能够有效促进基础公共服务工作的实际性推进与落实。很多时候，基础公共服务工作内容的开展并不是按照相关工作人员自己的想象来进行的，而是需要将针对公共基础服务的内容进行相应的填充，如此才能够切实增强基础公共服务工作的实际开展效果。而且基础公共服务的保障性工作内容，也需要我们从后续的检查角度出发，监督一些具体内容是否在公共基础服务推进的过程中得到有效的落实，而不是由其任意发展，这对于基础公共服务工作的实际开展具有一定的指导作用。特别是在社区托育公共服务方面做得不到位的内容，更加需要我们从监督者的角度加以完善与提高，如此反复，才能够实现不断优化。

2. 开展社区托育服务基础情况调研

针对社区托育服务工作的开展情况，相关部门需要开展相应的基础性检查工作，特别是在针对社区托育机构进行基础设施建设时，更加需要相关部门针对社区托育机构的当前基础设施建设情况进行调研，查找其在基础设施建设方面存在的问题，进而给予指导，并且提出相应的优化建议和方法，从而帮助社区托育服务机构实现自身基础托育服务工作的有效完善。因为不同社区托育服务机构的基础设施建设情况不同，这就需要我们从社区托育服务基础设施建设不足的角度出发，为其基础公共服务设施的建设提供具体的优化方案，从而保证社区托育服务机构的基础公共服务建设能够得到稳定和有效的推进。而且针对社区托育服务机构的财政资金申请，也需要有关部门加以监管。尽管从社区托育服务部门的自身角度出发，他们需要做好相应的前期调研工作，但是为了防止社区托育服务部门舞弊，也为了社区托育服务部门能够更加有效地开展基础公共服务建设工作，就需要我们从基础设施建设的角度出发，加强相应调研工作的有效开展，了解该社区托育服务机构的实际问题，包括资金的用途以及使用的方式，如此便能够做好相应的开源节流工作，也就能够更为有效地保证社区托育服务机构为社区幼儿提供更为优质的托育服务。

针对社区托育服务机构调研工作的开展，需要从两个角度出发，一个是由社区托育服务机构自主提交关于自身机构的基础情况，包括当前自身机构的发展现状，其在社区公共服务建设方面存在的缺失与不足，以及自身在社区托育服务公共设施建设方面的想法等。结合社区托育服务机构提交的资料，相关部门再进行具体的调查工作。这里的调查工作既要建立在社区托育服务机构提交自身情况说明的基础之上，又要从更为客观的角度针对社区托育服务机构公共设施建设过程中存在的问题和不足进行清楚的调查，以与社区托育服务机构提交的信息进行比对的同时，还能够对社区托育服务机构的实际性内容进行全面的调研，从而了解其自身的真实情况，为后续的社区托育服务机构规划和指导做好相应的准备工作。当然，社区托育服务工作的调研结果，需要相关部门与社区托育服务机构进行详细说明，特别是在发现比对结果不符的情况时，更加需要做好相应的面谈回访工作，这也是保证调查信息准确的基础，而且这样还能够有效规避基础信息调研出现的错误。从社区托育服务工作内容的挖掘角度而言，也能够使其对于社区托育服务机构的内容进行更为清晰的了解和探索，从而做到有理有据和调研公正、翔实。

3.建立公共服务保障体系

针对社区托育服务机构的监管工作，还是需要通过体系化的方式推进，这是社区托育服务工作得以有效开展的基础。因为社区托育服务工作的开展需要以公共服务保障体系为基准，在相应规章体系的约束下，才能够使得社区托育服务工作的开展更具坚实的基础。而且通过建立公共服务保障体系，也能够为社区托育服务机构的监督提供指导，如此才能够做到检查工作有法可依和有规可循。对于社区托育机构的建立，既需要参考已经成型的公共服务保障体系内容，又要结合具体的公共服务实际情况，只有从这两个角度出发，才能够建立符合自身实际需要的公共服务保障体系。具体而言，相关部门需要了解当前社区托育服务机构的开办现状，从公共服务保证体系角度出发，切实做好公共服务保障体系的基础性设计工作，从而为后续公共服务保障工作的开展作铺垫。同时，针对公共服务保障体系内容的制定，还需要从方向和细则两个角度出发。首先是方向性，即优化社区托育服务机构体系，提高社区托育服务能力。在设定具体的公共服务保障体系标准之后，在开展实际社区托育服务机构工作时，才能够做到有理有据，相关工作人员才能够具有一定的自主性。此外，在针对公共服务保障体系建设的过程中，我们也要注重做好相应的细则内容，这样能够为社区托育服务机构的公共服务工作开展指明具体的方向。比如，针对社区托育服务机构公共服务的内容设计，就需要进行具体的设定，当然，这属于基础层面的设定，我们也可以针对社区托育服务机构进行不同标准的划分，如将社区托育服务机构划分成为不同等级，然后根据等级进行相应标准的评定，从而逐步改善和优化社区托育服务机构的条件和环境。

三、建立多元化托育机制

（一）多渠道增加托育服务资源供给

1. 加强城乡社区婴幼儿照护设施建设

首先，加强资金保障，全力做好城乡社区婴幼儿照护设施建设工作。优先支持社区型、普惠性婴幼儿照护服务机构，重点保障公益普惠性科学育儿指导活动、人才培养、科学研究以及社区婴幼儿中心建设。其次，全面整合社会资源，加强城乡社区婴幼儿照护服务设施建设。鼓励社会力量通过新建、置换、租赁等多样化的方式建设婴幼儿照护服务设施。各地区根据住房和城乡建设部门制定的标准和规范，结合常住人口规模，在新建居住区对婴幼儿照护服务设施和配套安全设施进行合理的规划和建设，并与住宅同步验收、同步交付使用。以社区为基础，不断强化幼儿看护服务，充分发挥城乡社区公共服务设施的婴幼儿照护服务功能，借鉴和参考居家养老日间照料中心模式的做法和经验，加强社区婴幼儿照护服务设施与社区服务中心及社区卫生、文化、体育等设施的功能衔接，力争取得更大的综合效益。同时，利用已有公共资源，如妇女儿童之家、社区卫生服务站、学前教育机构，采取公办民营、民办公助等形式，开展社区托育机构，为城乡社区居民提供普惠性婴幼儿照护服务。最后，鼓励幼儿园、托育机构一体化建设。在新建公办幼儿园的时候，注重幼儿园、托育机构一体化建设，支持幼儿园在条件允许的情况下向托班延伸，进一步扩大托班数量与规模，招收2—3岁婴幼儿，增加普惠性婴幼儿照护服务。

2. 建立优惠政策

要将托育机构的税费减免等政策落实到位，并为托育机构提供一定的资金支持。托育机构日常消耗标准要与普通居民区价格相同，不能按照商用消耗标准收取费用。各国家部门要按照国家发布的服务公告，积极获取地方财政的支持，统筹调节好各级部门的职责。国家将托育税收优惠的政策落实到位，可以为托育机构降低投入成本，使托育机构的工作能够有效开展。示范性托育机构具有一定规模的惠普性托位，并且提供的服务内容也比较广泛，建立一定的优惠政策，可以使托育服务高质量地开展。地方政府需要提供必需的支持政策并对社区托育服务的税收费用进行适当减免，可以自主选择为其他托育机构提供优惠政策。优惠政策报批流程要依法简化，实现多部门一站式办理，使托育服务机构的办证时间尽量缩短。开展专业化连锁式的托育企业可以统一报税。普惠性托育服务应该按照高质量、低价格的导向发展，要综合考虑当地居民的经济水平，再形成普惠性托育价格。地方政府也可以使用集体建设用地提供托育服务建设，采取建设补贴以及运营补贴等形式促进托育机构的发展。同时也要将日常生活消耗能源标准申请到经济生活价格，尽量降低普惠性托育机构的投入成本。

（二）完善托育服务监管体系

1. 规范注册登记

为了完善托育行业的专业监管机制，设立相关的托育服务管理机构，要求地区市级托育管理中心制定出具体的发展规划以及规范政策，并由区级托育管理中心进行地方托育机构的管理审核以及资格发放。为了开展综合监督管理，要将教育部门以及公共消防等相关部门联合到监督工作开展的过程中。申请非营利性的托育机构可以由县级以上的监管部门进行注册，并且要在登记中明确服务的内容。比如，具有饮食服务的就要在相关登记中标注清楚，托育机构内容的开展要严格按照注册内容进行。登记完成以后，相关部门要将登记信息及时推送到共享平台进行信息交换，以方便政府的统一管理。地方政府要逐渐提升对托育服务的认识水平，要将托育服务纳入地方经济发展规划中，同时要组织各职能部门制定好具体的实施策略，共同推进托育服务的开展。

2. 落实备案制定

托育机构在登记后要向当地的卫生健康部门备案，并按照相关的规定内容提交资格材料。符合托育条件的县级卫生健康部门要将其情况进行备案并上传到公共服务信息平台。不符合托育卫生健康条件的，县级卫生部门要提供备案回执。将托育机构的具体情况进行备案，不仅可以方便之后政府的统一管理，还可以为政策实行提供事实基础。由于国家政策影响，很多企业单位预测到托育行业发展的前景，申请托育机构开展的个体企业逐渐增多，为了方便政府对这些机构的管理，在托育机构申请注册后就开始登记备案，将各大托育机构统一规划到互联网托育管理体系中，这样，政府在根据政策条例实行管理时也方便机构知晓，并且在对托育机构进行各种管理时，也可以节省人力物力。很多托育机构在开展时没有对片区市场做好调研，经常会出现入托人数不均衡的情况，在相关部门进行备案以后，相关部门能够根据不同地区的托育需求向托育机构做出统一的调控，指导托育机构有效解决入托人数与预期人数不均衡的情况。

（三）明确监管责任

托育机构主要负责婴幼儿的基本健康与安全，建立健全的照护安全管理制度，能够使托育机构更加重视安全主体责任。在托育机构安全管理制度中要明确指出托育机构要配备相应的安全设施以及安保人员，托育机构在进行环境设置时必须符合各个部门的要求标准。各地部门在对托育机构进行规划管理时应严格遵循当地的管理制度，建立健全的监督检查以及责任追究制度，确保政策实施可以落实到位，明确监管责任。各级部门要按照职责内容互相监督，指导托育机构建立各方面的安全制度。比如，教育部门主要负责托育服务人才的培养，人社部门主要负责对相关从业人员展开技能培训，卫生部门主要负责托育照护卫生保健以及早期发展指导等内容。政府要组织各部门定期对托育机构进行巡查，发现违规违法行为导致安全事故发生的机构，要按照相关法律追究负责人的责任，并对相关部门进行批评处理。还可以建立信息化模式，对托育机构的服务内容进行监管，使群众可以在互联网平台对托育机构的不当托育行为进行舆论监督。

（四）有效规范托育机构

1.建立质量评估体系，加强动态管理

政府可以应用互联网媒体加强托育服务的宣传与引导，接受社会的质量监督。将各大托育机构全部纳入托育互联网体系，加强对各托育机构的动态管理，根据托育机构的各种不足提出整改意见，使各托育机构的整体规划能够受到正确引导，制定出更加适合的管理方案。相关部门要对托育机构的服务质量以及服务内容展开定期评估，使托育机构能够在政府部门的约束下，积极提升自身人员的专业技能，努力改进托育环境。政府也可以发动社区等组织对社区托育服务内容实行动态管理，可以定期由社区委员会带头对社区托育机构展开定期访查，积极采纳社区居民的意见建议，对社区托育机构做出指导，使托育机构的服务内容与标准能够在群众的合理建议下不断优化和提升。

2.实行行业资格准入制度

各类托育机构要严格遵守国家相关的规定，根据规模配置要求进行人员安排，从业人员要满足国家相关的从业条件才可以录用。如托育人员必须具备教育经验，并且具有高级育婴资格证书等才可以被录用。不能因为托育人员资源紧缺便招录无资质人员，要保障婴幼儿受托群体的基本权益。要建立社会信用体系，将托育机构以及从业人员的信息都登记到互联网体系中，当托育机构与从业人员有违规操作时，将其拉入黑名单中，使各大机构以及家长选择托育机构时能够有参考的方向。建立健全的机构评估公开制度，各级卫生健康部门要联合当地职能部门定期对托育机构服务质量进行评估和检查，并将相关的评估结果发布到相关互联网平台。通过互联网托育平台的公示情况，托育机构之间能够进行相互参考约束。高职院校要根据社会需求开设婴幼儿照护专业，要根据国家的培养目标与计划内容确定招生规模以及课程教学内容，将婴幼儿托育服务内容作为人员紧缺型项目规划到培训规划设置中，可以与各大托育机构以及职业培训机构合作开展培训，加强学生的实践能力。教学培训过程中要培养学生的职业道德以及高尚品德，使学生在培训过程中能够逐渐提升托育能力与素质水平。

3.建立多层次的婴幼儿照护服务质量保障体系

（1）推进托育机构规范化建设。根据国家和省托育机构设置标准和管理规范，加强托育机构规范化建设，新建、改建、扩建、联建一批多功能示范性托育机构，主要包括婴幼儿照护服务行业培训、家长课堂以及家庭养育指导等功能，充分发挥这些示范性托育机构的辐射带动作用，促使托育机构的运营更加规范化，服务更加优质化，管理更加专业化。

（2）加强托育健康管理。加强对医疗卫生机构等资源的有效利用，创建婴幼儿照护服务专家库。对于托育机构的疾病预防、传染病监控以及卫生保健等工作，城乡妇幼保健机构、疾病预防控制中心以及卫生健康局要加强业务指导和质量监控，为婴幼儿营造健康、舒适的环境。

（3）夯实入托婴幼儿安全责任。托育机构必须全面落实安全管理主体责任，建立健全婴幼儿接送制度和安全保卫监控体系。监控系统要实现全覆盖，尤其是机构出入口、婴幼儿生活及活动区域，确保24小时设防，监控录像资料保存期不少于90日。实行托育机构工作人员职业资格准入制度，对虐童等行为零容忍，对相关个人和直接管理人员实行终身禁入。

四、加强师资力量供给

（一）拓宽托育服务人员的培养渠道

随着托育行业的不断发展、各地托育机构数量的逐渐增加，托育人员资源处于十分紧缺的状态。由于托育行业是新兴的行业，市场上符合相关规定的托育人员数量还比较少。为了使托育行业可以有效发展，要积极拓宽托育服务人员的培养渠道，培养更多专业性托育人员，从而满足社会的需求。在 2021 年 7 月 21 日国务院新闻办举行的新闻发布会上，国家卫健委人口监测与家庭发展司司长杨文庄公布当时我国 4200 万个 3 岁以下婴幼儿的入托率仅为 5.5%。主要是因为托育人员的紧缺，很多托育机构的服务难以开展。目前托育培训机构的人才来源主要有高职院校的早期教育专业以及育婴培训机构等。虽然每年有数千名相关从业者进入托育行业，但还是满足不了广大家长的托育需求。国家应该将托育人员培养放在托育工作部署的重要位置，并且为在岗托育人员提供一定的培养资金，使托育培训能够有效开展。只有以市场的托育需求为主要整改方向，才可以明确托育人员的职业定位，使托育行业的工作有序地开展。

高职院校是目前托育行业人才培养的主要机构，职业院校在进行婴幼儿早期教育人才培养时，要根据社会对婴幼儿托育行业的要求建立相关的课程体系。要让学生牢固掌握婴幼儿的生长发展理论知识以及托育实践经验，使学生进入托育行业工作后，可以更好地提供托育服务，从而提高整体的托育质量。高职院校要加强对托育专业学生的思想道德教育以及专业理论教育，要让学生清楚地认识到自身专业对社会的重要推动意义，并提供给学生实践学习的机会，使学生可以在大量实践过程中积累丰富的托育经验，从而提升托育服务的质量。可以采用校企合作的方式提升学生的实践学习能力，还要制定相关的思想教育课程，让学生能够认识到自身专业的责任重要性，通过不断学习，学生能够形成良好的职业道德理念以及专业素质，由此才可以从根源上解决行业人才紧缺的问题。目前市面上的托育机构的托育服务质量参差不齐，很多托育机构为了节约成本，在托育人员技能培训提升上不够重视，国家为在岗托育人员提供培养资金，可以使托育人员不断提升自身的专业性。婴幼儿处于生长发育旺盛期，优良的托育内容可以保障其身心健康发展。经常开展托育服务培训，能够使托育人员接受最新的育儿方式，能够使他们学习解决各样的托育难题。长此以往，托育行业的综合服务质量便会得到有效提升。

（二）建立托育服务人员准入制度

只有政府尽快建立托育行业的准入制度，制定出统一的准入标准，才可以提升国家整体的托育质量。可以参考发达国家的托育经验结合地方市场发展的需要，制定出统一的考核标准，使相关从业者都达到考核标准才可以上岗。也要规范托育机构的培训资格，制定托育行业基本培训标准，将不符合标准的培训机构进行取缔，并加强托育行业的教育宣传，使托育机构能够逐渐提升自身的课程标准，提升培训的质量。要从源头上提升托育行业的服务质量。

（三）改善托育服务人员生存环境提高托育服务人员待遇

虽然目前国家每年培育的托育人才很多，但是实际参与到托育服务行业的人数却很少。并且托育行业人才流失率较大，主要原因有工资较低、没有良好事业前景、工作强度大等。只有重视标准建立后的行业生态环境，才可以使更多优质从业者投入托育服务事业中，只有保障托育人员的基本权益，稳固托育就业市场的社会地位，提升福利待遇才可以使更多托育人员继续在岗位上发光发热。想要构建托育人员标准化体系，就要结合当地经济制定出相应的薪酬标准以及待遇保障细则，从根源上保护好托育从业者的合法权益，由此才可以营造良好的托育生态环境。托育机构在开展工作时，要明确托育人员的工作内容与职责，也要根据托育人员的需求不断调整待遇，只有如此才可以使更多优质的托育人才更好地投身于托育服务中。

很多托育人员在刚开始进入托育行业时都是信心满满，具有饱满的工作热情，但是往往投入托育行业不久后便会产生辞职甚至改行的意向。付出与收入的严重不成正比是导致托育人才流失的主要原因。就当前而言，部分幼儿托育机构面临着严重的人员短缺问题，这也使得其工作人员不得不承担更多的托育工作，这种情况下其针对幼儿的照顾质量也容易下降。长此以往，很多托育人员在合同到期后便不再考虑继续从事托育行业服务事业。国家要根据托育机构的具体情况制定好托育人员的薪资政策以及福利保障政策，健全托育服务人才培养与激励机制，保证从业者可以取得相应的资质证书。要从健全劳动保障法律法规中加强对机构企业的监管，从而做好劳动者权益保障工作。要构建相关的托育编制体系，设置职称考核内容，使专业技能等级与薪酬待遇直接挂钩，使托育人员能够享受到与体制内教师一样的福利待遇，从而避免托育优秀人才的流失。

（四）加强托育服务人员监察力度

想要使托育服务人员标准化体系建设到位，就要不断加大对托育服务人员的监察力度。想要加大监察力度，就要从实行从业资格准入制度入手。托育从业人员必须具备良好的职业道德才可以上岗，婴幼儿本身就不具备自我保护的能力，假如是职业道德不过关的托育人员对婴幼儿进行照顾，很容易导致各种不良事件的产生。加强托育服务人员监察力度，在托育这样的特殊行业中实行从业资格限制，可以将不具备托育基础要求条件的人员筛选掉，从而才可以使托育行业的质量稳步提升。托育服务人员每年都应该接受专业道德教育，学习完成后要进行相关考核，只有考核通过才可以继续进行托育工作。托育机构要定期为托育人员提供体检以及心理测试，并将有关的检测报告上传到相关部门系统中进行备案。加强托育服务人员监察力度可以使托育人员逐渐提升自身的专业性，可以促进托育行业高质量发展。

托育监管部门要与当地公安部门建立协作机制体系，将负责托育机构的主要部门掌握的托育机构和人员黑名单情况进行整理保存，将托育行业的人员队伍逐渐净化，使托育行业的服务质量逐渐提升，从而保证婴幼儿的身心安全。建立托育行业联网系统，将对托育机构以及托育人员相关测评结果以及工作内容情况同步到网络上，形成优良的督促环境，使各托育机构以及托育人员的行为准则能够受到约束，从而提升服务质量，并将不符合规定的托育机构以及托育人员名单以及制裁措施公布到网络上，对托育行业起到警示作用。道德伦理以及行为准则不符合托育行业要求的机构，要及时清退，对于造成婴幼儿身心伤害的托育人员要依法采取相关措施执行制裁。相关教育部门要在托育机构定期开展职业道德讲座，逐渐提升托育人员的职业道德素质，使托育人员充分认识到自身职业的责任感以及重要性，从而更好地为婴幼儿提供优良的服务。

五、提升托育服务机构水平

社区托育服务机构工作的开展主要是为了解决社区居民的育儿问题，这既关系到国家未来发展，又牵动着亿万民众的心，所以对社区托育机构的服务工作需要相关部门加强重视，不断优化和提高社区托育服务机构的水平，以保证社区托育服务工作的有效开展和推进。在开展社区托育服务工作的过程中，需要分别从不同的角度出发，推动社区托育服务机构水平的不断优化与完善，以切实增强社区托育服务工作的效果，让家长放心。

（一）不断提高社区托育服务的公益性和普惠性

社区托育服务工作虽然看似只是在社区内开展"幼儿班"，但是却关系到每个社区家庭以及亿万家长的心。当前诸多家庭都极为重视孩子的教育工作，但是因为自己每天需要工作，所以每个家庭都面临着孩子托育的问题，所以，社区托育服务是一项惠及社会大众的工作，具有一定的公益性和普惠性。需要说明的是，这里的公益性并不是完全公益，每个家庭也需要支付一定的费用，但是相比而言，家庭所需要承担的费用较低，可以大大减轻育儿的压力。针对社区托育家庭的职责，需要政府积极履行推动托育公共服务体系建设的职责，充分发挥中央财政和地方财政保基本、兜底线、补短板、促公平的积极作用，通过设立普惠托育服务专项行动建设项目、托育工程建设专项资金等方式，利用现有机构、空置场地等在全国各地建设一批公立性质的普惠性托育机构，支持有条件的公办幼儿园开办 3 岁以下婴幼儿的托班，让广大普通家庭"有得上"的同时也能够"上得起"。

其次，还有通过多途径、多元化的激励政策，引导和推动国有企事业单位、机关、团体和个人等多主体力量投入建设和开办普惠性托育机构的工作中。各地根据经济水平等实际状况，运用综合奖补、土地划拨、租金减免、税费减免、水电同价、教师培训等多种方式支持各类普惠性托育机构建设，提高各主体开办普惠性托育机构的积极性，同时注重指导其设定普通家庭可接受的收费价格，让更多适龄幼儿可以接受普惠性托育服务。需要说明的是，社区托育服务的公益性和普惠性也需要相关部门针对社区托育服务进行不断优化与调整，从而逐步优化当前的社区托育环境和提高社区托育服务的水平，唯有如此，才能够切实增强和提高社区托育服务的效果和能力。因为当前的社区托育服务工作并不是仅限于当前的这种状态，而是需要我们进行不断优化和完善，始终坚持与时俱进，这样才能够更进一步地增强社区托育服务工作的最终开展效果。

（二）切实提升托育服务的整体质量

社区托育服务工作的对象是幼儿，他们年龄较小，对于社会的认知十分不足，这就需要我们不断优化和提高社区托育服务工作的实际开展能力，给幼儿家长一个满意的答复。对此，就需要我们着力加快构建人员资质达标、规范体系完善、监管制度健全的托育服务质量保障体系。对此，我们可以从以下三个方面出发。

首先，研制并确定专业人员的资质标准、培养培训标准。21世纪十分重视人才的培养和发展。因为只有人才的不断补充和丰富，才能够不断优化和增强社区托育服务工作的实际性开展效果，也才能够不断引领社区托育服务工作走向更加美好的未来。因此，在开展社区托育服务工作的过程中，我们就需要专业的人才队伍加以辅助，以推动社区托育服务工作的有效开展。可以说，专业的人员队伍是托育机构服务质量的核心要素和关键所在。从社区托育服务工作的开展结果角度而言，改善和提升托育机构服务整体质量应从加强托育机构各类人员队伍建设着手。关于专业人才队伍的建设，主要还是从两个角度进行。一方面从人才吸纳的角度出发，提高人才招聘门槛，这一点我们在前文有所阐述，这里进行更深一步的说明。具体可以组织相关领域专家学者，加快制定和完善国家层面的各类托育从业人员的职业资格、准入标准，为相关人员进入托育行业划定"基线标准"，保证从业人员队伍的基本资质。另一方面，应加快出台各类专业人员的培养标准、培训标准体系，并制定适宜的培养课程标准和培训课程体系，以系统专业的职前培养和分层分类的职后培训，有力支持专业人员队伍建设。

人才队伍的建设并不是一朝一夕之举，而是需要一个长期的过程，这就是对人才进行筛选的过程。人才水平是需要不断进行优化与提高的，如此才能够不断优化社区托育服务工作人员自身的能力。具体的培训内容需要具有针对性和系统性。因为只有为社区托育服务人员进行专项培训工作，才能够更加有效地解决当前社区托育服务工作过程中所面临的问题。而且在进行针对性培训的过程中，各工作人员可以将当前工作过程中所遇到的问题进行综合分析，并且共同讨论改变的对策。关于培训内容的系统性，则是从幼儿托育服务工作专业性的角度出发，加强和改进社区托育服务工作，让相关工作人员能够从理论到实践的角度明确社区托育服务工作的具体内容，从而才能够促成社区托育服务工作的优化与改进。

其次，加强托育机构建设与管理。正所谓"巧妇难为无米之炊"，社区托育机构的建设，需要一定的基础性硬件设施，这样才能够为社区托育服务工作的开展奠定有效基础。这就需要我们从社区托育服务工作的开展环境角度出发，强化社区托育服务工作的开展实效，保证社区托育服务工作的硬件设施的丰富性。而且，社区托育服务机构的环境、硬件条件、管理规范等也是影响其服务质量与安全的基础性要素，这也是进行社区托育机构建设和管理的重要内容。对此，就需要我们高度重视婴幼儿身心健康成长对环境、安全性等要求，在确保婴幼儿健康和安全的基础上，实施促进婴幼儿身体发育、动作、语言、认知、习惯养成、情感态度等全面发展的教育保育服务。比如，从幼儿发育的角度而言，需要社区托育机构从幼儿身体的成长角度进行加强，包括饮食的丰富以及加强幼儿身体机能的锻炼。

最后，建立制度健全的托育服务质量保障体系。针对幼儿的体能培养，则需要社区托育机构加强幼儿身体机能的协调锻炼，并借助一定的器械完成相应的教育指导工作；针对幼儿语言能力的开发，则可以借助多媒体设备实现幼儿对语言发音能力的完善。针对幼儿认知思维的提升，则需要教师强化幼儿的思想认知，并且开拓幼儿的眼界，如此才能够拓展幼儿的知识与见闻，从而实现对幼儿思维能力的优化；针对幼儿行为习惯的养成，则需要从加强幼儿行为指导的角度出发，切实加强对于幼儿日常行为的培养，并且通过组织幼儿进行评比的方式，培养幼儿良好行为习惯；针对幼儿情感素养的培养，则需要从情感教育引导的角度出发，从基础性的认知角度逐步引导幼儿良好情感素养的形成，如引导幼儿观看爱国主义短片，学习短片人物所折射出的伟大精神信仰，从而实现对幼儿良好情感素养的引导，培养他们的爱国主义情怀，或者通过组织幼儿进行不同主题思想的活动，让幼儿在活动的过程中实现思想素养的有效提升。这一切都需要以完善的基础性设施为依托，这样才能够从不同的角度和方面强化社会托育机构对幼儿不同行为素养的引导与提高。为此，需要建立健全托育机构的建设标准、环境与设备安全、卫生保健、教育保育、营养膳食等关涉托育服务质量与安全性关键方面的管理规范，并建立相应的评估标准，以推动各类托育机构及其保教服务更加规范化、科学化和适宜化。

（三）增强管理力量，加强对托育机构质量的督导和综合监管

幼儿是祖国的花朵，更是家庭的核心，加强对托育机构服务质量监管是千万家庭共同的心愿。当前，我们应根据托育机构规模，大力加强相应的管理和监督力量，成立由卫健、教育、财政、食品安全、消防等部门联合组成的督导监管领导小组，明确各部门的主要职责，依据托育机构服务质量和发展需要，定期与不定期开展督导监管工作，形成多部门协同治理的监管机制。着重加强对各类托育机构环境安全、卫生保健、食品安全、人员资质、保育服务、教育质量等的督导监管；对有问题的托育机构及其服务要及时责令其采取有效整改措施，消除隐患，为婴幼儿全面健康成长保驾护航，让广

大家长能够安心、放心工作。针对具体工作的开展，需要各部门分别做好相应的检查与引导工作，如环境安全，就需要针对社区托育机构的整体规划进行检查，而且这种检查并不是一次性的检查，而是需要定期开展。如环境安全检查，就需要各部门工作人员针对社区的环境进行检查，到了夏季，还要提高检查频率，特别是针对灭火工具的检查，更加需要重视。因为夏季属于火灾高发季节，这就需要在进行火灾检查的过程中，做好火灾预防工作，这样才能够保证社区幼儿的生命安全。关于卫生保健，则需要从幼儿的饮食角度出发，做好关于幼儿饮食的安全保证工作，包括从幼儿食品的选材到食品的制作，都需要进行科学、有效的管控，如此才能够促使社区幼儿的食品安全得到有效的保证。而且针对社区托育机构的食品安全，还需要相关部门进行不定期的检查，或者说是突击性的抽查，这样才能够更为有效地了解社区托育机构的食品安全是否真正存在问题。针对社区托育机构的人员资质，也需要相关部门进行核实，包括是否人人在岗，以及这些在岗人员的工作资质等，需要加强检查。当然，还需要重点对于工作人员的服务能力进行考察，以检验其是否具备社区托育服务工作的基础素养。关于保育服务工作的开展，则是需要从社区托育机构的整体角度出发，了解社区托育服务工作的实际开展效果，这是一种对社区托育服务机构的整体性评价。从众多角度针对社区托育机构进行监督，能够有效优化和完善社区托育机构工作的有效开展。

第三节　国外社区托育服务经验对我国社区托育服务发展的启示

随着国家生育政策的不断放宽，托育问题已经成为社会的热点问题，但是国内婴幼儿托育服务的发展尚且不足。国外很多国家的社区托育公共服务体系已经有了一定的基础。对较为发达国家的社区托育服务理念以及现状进行考察研究可以发现，这些发达国家3岁以下幼儿的社区托育比例较高，这些发达国家将0—3岁的社区托育服务作为重要的综合性政策，出台了许多具有连贯性的政策措施，还建立了相对完善的具有各种特色的托育服务体系。国外社区托育服务经验为我国社区托育服务体系的建立提供了很多的参考。

一、瑞典社区托育服务经验

（一）保教一体化

瑞典是发达国家中社会福利体系最健全的国家之一，具有"福利国家"的称号，是欧洲经济水平较高的国家中经济增长最快且贫富差距最小的国家，这些基础条件为儿童保教政策体系的建设提供了良好的基础（图5-1）。瑞典1—5岁的幼儿由市政部门等统一管理。幼儿从1岁起就可以进入学前学校，3岁以上就可以享受每年525小时的免费教育。保教一体化的改革措施让接近九成的1—5岁幼儿在机构中接受照料与教育，幼儿托育的场所主要以公立学前机构为主，以家庭日托等方式为辅。公立机构全年开放，开放的时间也比较灵活，能够根据家长的接送时间进行不断调整。瑞士托育服务能够体现出为家长服务以及为妇女发展服务的定位。瑞士的托育费用大部分由政府出资，还出台了各种与儿童相关的家庭福利补贴，幼儿照看以及教育的费用比较低廉，因此瑞士家庭的育儿负担比较小。

父母保险及儿童护理：
产妇休产假可领取产假补贴，孩子入托费90%由国家负担，16周岁前可领取儿童补贴

养老金：
65岁以上的公民享受养老金，金额以其一生收入的多少和纳税情况评算。养老金的来源则由雇主和雇员各支付一半

医疗保险：
公民都享受公费医疗，超出规定金额部分可享受50%～90%补贴

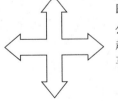

失业补贴：
失业者都可以领取失业救济，金额为原工资的75%

图5-1　瑞典福利体系标准

（二）托育监督管理体系健全

瑞典的托育服务具有健全的监督管理体系，在健全的法律政策保障以及学前教育立法中形成了一套有效运行的完整体系。20世纪70年代，瑞典就颁布了《学前学校法》，其中重点规定了地方政府完善公立托育体系的责任，强调要将保教结合管理。之后的新法律规定市政府有义务提供托育公共服务，其中强调要从便于国家管理指导的角度进行保教一体化与早期教育。次年，托育工作便成为瑞典教育部与科学部的重要管理工作，主要负责对6岁以下的儿童保育与教育的政策制定以及对幼儿照看和教育管理的安排。之后瑞典不断开展学前教育改革，将学前教育融入基础学习教育体系中，并制定了政府对学前教育的职责内容条例。直到现在瑞典的地方政府对学前学校和中小学仍进行着统一管理。随着瑞典政府不断增加对托育方面的投资，托育公共服务的费用占到教育费用的三成。经过托育改革，瑞典的保教质量得到了很大的提升，地方政府的托育管理方式也不断提高，托育收费制度也得到了更好的完善。

从瑞典的社区托育服务经验可以看出，分工明确以及执行高效的行政机构的设置是发达国家托育服务事业发展的主要原因，瑞典高度重视托育服务在内的发展问题，并且很早就设置了相关事务的行政管理体制，通过立法等执行工作使教育部门为学龄前儿童统一提供托育服务，国家承担托育服务的财政支持与监督管理等工作；设立国家家庭补助可以有效提升财政转移的效率。瑞典托育服务政策具有较强的外部性以及公益性，对于活跃劳动力市场以及缓解育儿压力等方面都有积极的意义。瑞典地方政府承担了托育的主要职责，在国家不断完善的公共托育体系支持下，其生育率普遍高于其他发达国家。

二、法国社区托育服务经验

（一）接受各类照看

法国早已经普及了3岁以前的学前教育模式，目前法国所有的幼儿都接受学前教育。由于法国的幼儿学前教育接受度较高，因此，法国需要多种照看模式相结合。法国的托育方式类型多样，主要有街区临时照看处以及社区托儿所等，一般都是由地方政府的负责人进行签批报备管理的。根据调查，法国1岁以内的婴儿入托率并不高，很多父母对托育机构照看的方式问题表示担忧与顾虑，可以看出法国的托育问题面临如何更好发展的问题。法国政府认为帮助父母平衡工作与家庭的关系是实施社区托育服务的主要目标，因此政府承担着重要的责任，通过对托育机制的不断完善缓解父母在工作育儿中所产生的焦虑，从而提高婴幼儿父母的劳动参与率。法国注重托育服务师资队伍的建设，并且拥有比较完善的托育体系，完善的教育体系有效提升了人力资源的质量，有助于提供更好的服务。

（二）托儿所企业可以获得免税优惠

目前法国已经具有相对完善的家庭政策系统，主要内容有婴幼儿照看托育体系以及教育体系，并且已经将3岁以下幼儿入托政策纳入家庭政策的主要内容。法国托育公共服务的形式灵活多样，幼儿不仅可以免费在学校进行生活学习，托育机构还能得到相应的补贴；法国政府在托育体系不断壮大的情况下，还鼓励企业社区开设托育服务场所，以满足父母就近入托的需求。但由于托育服务的发展速度还是不能满足法国一些家庭的需求，法国政府也在继续发展多种类型的集体照看模式以增加托育机构容纳幼儿的数量，在家庭中的资金投入也在逐年增加，幼儿托育补贴的范围也逐渐广泛，许多类型的托育方式都可以享受到财政补贴。近年来法国政府公共托育服务财政支出的不断增加，有效强化了托育服务的作用。法国政府在政府机构设置方面主要由社会团结与卫生部负责统筹协调各项工作，还提供了家庭补贴与集体机构补贴等服务内容，为了更好地发挥整合效应，法国政府还成立了跨部门委员会对不同机构进行协调，并参与到政策的制定与执行过程中，以促进托育服务的发展。

法国实行的二元托育供给模式能够满足大多数家庭的需求，通过鼓励民间资本的参与，使托育供给服务的数量不断增加。通过多重照看机构以及企业托儿所等托育形式的发展，有效创新服务形式，满足父母对托育服务的多样需求。法国主张对儿童照顾进行全面干预，提供 3 岁以下婴幼儿公共服务托育模式，由政府提供托育公共援助，并与家庭与市场等构成托育服务供给主体，通过经济补助以及家庭支持政策等方式协助父母照顾婴幼儿。还成立了跨部门家庭问题代表团，对不同机构进行政策走访，使家庭政策的制定与执行能够统一，有效促进了各种类型托育服务的质量发展。

三、日本社区托育服务经验

（一）托育幼儿占半成

日本政府非常重视对幼儿环境的优化，为了解决新生儿出生率低等问题，日本逐渐提升了托育数量与质量，幼儿托育服务事业得到了很大的发展。日本的托育服务有多种形式，随着政策的不断施行，托育机构的类型也有了很大的变革。日本之前的托育机构是幼儿园和保育所，主要面向 3—5 岁的儿童，但由于儿童在园内的时间比较短，不能完全满足很多家庭的需求。保育所针对的是 5 岁以下的幼儿，主要面向的是无法照顾幼儿的双职工等家庭，儿童在园的时间比较长。日本政府在出台新政策后，托育机构的类型逐渐增加，将幼儿园与保育园的优点相结合创立了全新的托育方式，由于日本家庭的保育需求非常大，日本接近半数的婴幼儿接受保育园的托育服务。

（二）日本政府重视度高

由于日本出生率呈现持续下降的状态，妇女劳动率也比较低，日本政府出台了许多与育儿相关的政策改善育儿的环境。日本的托育公共服务经历了很长的一段时间的发展，日本从 20 世纪 90 年代开始就开始设立企业托育补助金，并为女职工缴纳社会保险，并且还实行了有利于妇女工作、育儿多样化的工作方式，使妇女能够兼顾事业与育儿。不断实施女性产后重返职场等政策，建立托育相关的新制度，使社区托育服务工作得到了很大的推进。近年来，日本出台的相关规定对社区办园标准以及补助等进行了详细的规定，并且增加了投资金额，推动了保育事业的发展。随着日本女性社会参与度以及育儿成本的不断上升，其生育的愿望呈现不断下降的趋势。人口增长形势使日本政府逐渐认识到提供高质量托育服务的重要性，托育服务可以降低育儿成本，提高生育率，还可以促进女性就业，推动国家经济的发展，同时还有助于提升婴幼儿的早期教育质量，提升国家的整体人口质量。日本的保育所与幼儿园的服务内容有根本区别，保育所是完全依赖政府财政投入的，因此，其在监督管理方面比起幼儿园更加严格。并且社会力量的不断参与使托育机构的建设发展受到了很多限制，由此便导致了保育场所数量的不足，不能满足大部分家庭的需求。

日本的保育新制度使托育服务实现了多个方面的突破，通过多角度的改革使日本的托育服务以及质量监管体系都有了清晰的发展路径，使托育系统更加全面。保幼一体化的推进不仅提高了托育服务机构的运营效率，还增加了服务供给。确保托育服务高质量发展是托育服务的基本要求，也是促进托育服务健康发展的有效途径。通过主体以及服务类型的设置，托育机构具备了保育所以及幼儿教育的双重功能，日本通过不断拓宽托育服务范围，不仅消除了现有的制度障碍，还有效提升了托育服务的供给能力。通过综合运用行政监管等措施使托育服务的质量不断提升。保育新制度的实行是减轻育儿家庭压力以及实现人口均衡发展的重要途径。

四、英国社区托育服务经验

（一）资格审查严格

英国是最早开展社区托育服务的国家，对社区托育资格审查也是相对而言比较严格的国家。英国最早的托育服务形成于中世纪，当时的托育服务目的是解决妇女的工作问题。英国社区托育服务需要经过国家保育审查委员会以及国家职业资格协会等部门的审查，并且对社区服务人员的要求也比较严格，英国对家庭式托育从业者要求其必须具有高中以上文化并且没有犯罪记录并身体健康等，还要具有国家保育审查委员会执照以及国家技能检定证书等资质才可以具备托育服务的资格。社区托育从业者要先向教育部门进行注册并加入全国家庭托育从业协会后才可以上岗，并且对托育的工作内容要求非常严格，托育人员在进行工作前要事先了解幼儿的基本资料，熟记紧急事件联络方式并且还要拟定详细的处理原则才能正式开展托育工作。

（二）托育要求质量高

英国教育局制定了 8 岁以下儿童保育的标准条款，其中着重强调了国家标准管控托育质量的内容。教育部门根据监督标准对已经注册的社区托育场所的安全内容等进行检查，国家托育协会负责相关工作，从而保障托育工作的质量。英国社区托育质量的改进以及是地方政府与托育工作者的共同责任，由政府提出托育战略，地区的托育从业者便结成整体性组织为幼儿提供游戏活动的场地并为相关工作人员提供经验交流的场地，这很大程度地促进了英国社区托育服务的发展。20 世纪 90 年代末，英国出台的儿童看护策略中讲到每个家庭都有享受幼儿看护服务的权利，并将早期幼儿看护作为教育服务的重要举措，致力于建设更加完善的婴幼儿看护体系。专业化托育人才的培养是英国提供高质量托育服务的关键，政府通过财政的不断投入确保了托育服务的专业性。目前英国已经创建了成千上万家幼儿整合性服务中心，其中便包括社区托育服务机构，其中主要包括幼儿教育以及幼儿成长训练等内容。整合性服务方式的实施受到国际的普遍认可。

英国的托育模式由市场决定，市场化托育机构是托育服务供给的主体，英国强调家庭与市场机制结合的作用，由家庭和政府共同构成婴幼儿托育服务的主体。英国政府对所有公立幼儿园与托育机构提供补贴，确保每个幼儿都可以享受到相关服务。英国政府提出的儿童托育发展策略能够使同地区的从业者结成团体，有效减少托育从业者的孤立现象，可以为托育从业人员提供经验交流的机会。为保障托育服务的质量，英国对托育从业者有相当高的要求，对于托育机构的设立有着严格的制度限制，英国教育标准局会对已经注册的托育家庭每年进行走访调查，这样可以有效提升托育场所的安全等问题，并且可以推动保障方案的制定，由此英国的托育质量得到了很好的提升。

　　结合国外托育服务经验，我国婴幼儿社区托育服务体系的建设可以从健全托育服务标准、以多元需求为导向、加强师资队伍建设等方面入手。虽然目前我国已经出台了相关的托育服务机构管理规范标准，但由于我国托育事业起步较晚，各地方的发展水平也不尽相同，托育服务行业的机制与体系的建立仍有很长的路要走。托育服务是意义重大的育人工程，托育人员要具备很强的专业性，因此应当建立托育专业人才培养体系，加强托育师资队伍的建设。政府要积极引导社会各方力量的参与，构建多层次服务体系，要以社区为主要依托，满足家庭的基础托育要求。要根据婴幼儿的年龄发展特点制定相应的早期教育以及照护课程，使婴幼儿能够健康成长。

第六章　基本公共服务均等化理论视域中社区托育服务发展展望

第一节　加快构建普惠托育服务体系

一、构建多方协同参与机制

（一）发挥政府主导作用

组建一个社区托育服务主管部门，形成多部门联合制度，加强对社区托育服务规范化发展的引导与管理，实现对社区托育服务的全过程、全方位监管，倒逼市场建立托育行业自律规约。完善相关监管机制，以信用为基础，采取信用联合激励和失信联合惩戒方式，为社区托育服务行业的持续不断发展提供督促与引导作用，让广大人民群众更加安心、放心地选择社区托育服务。随着民营资本的涌入，加之社会力量的不断扩大，政府一定要制定一系列的制度规范，并提供探索创新的空间，积极支持与鼓励大胆探索与开拓全新的模式。同时，通过扶持一些示范性的社区托育服务机构，为行业发展树立榜样，引导其他社区托育机构进行学习与借鉴。需要注意的是，要避免"一管就死，一放就乱"的情况，为社区托育服务行业健康、持续发展提供帮助，推动社区托育服务的均等化发展。

（二）以社区为基层阵地开展托育服务

社区蕴含着丰富的资源，通过充分挖掘并利用社区现有资源，以全面考虑社区居民实际情况以及育儿需求为基础，充分发挥社区就近服务、邻里互助以及桥梁纽带等积极作用，为社区托育服务提供更多便利。以社区为基层阵地，在这一阵地上积极开展托育服务，将政府、托育机构以及家庭有效连接起来，通过亲子活动、入户服务以及健康讲座等多样化的方式，为社区家庭提供有关早期教育、家庭照护以及婴幼儿健康等方面的正确指导。通过有机整合社区的幼儿园、人力以及服务等方面的资源，将社区托育服务增加至社区公共服务基础设施建设当中。将社区中经济困难的家庭设为重点，优先为这类家庭提供托育服务，尽一切努力创设有助于婴幼儿健康成长的良好氛围。

充分发挥社区的自主性，鼓励社区主动建设管理托育服务点，当社区托育服务顺利开办之后，政府可以从多方面为其提供政策支持，主要包括资金、人力以及土地等。同时，社区还要不断吸引更多的社会力量加入，如社会团体、企事业单位以及公民个体。社区可以通过多样化的方式，引入有良好资质的服务机构进行代理运营，为社区居民提供普惠性的托育服务。

（三）充分发挥家庭功能

首先，家长应当树立正确托育服务理念，承担应尽的职责。从教育服务产品理念角度来看，教育服务产品的供给者是托育服务机构，需要履行生产、产出的职责；教育服务产品的使用者是婴幼儿及其家长，享有消费权和选择权，这是一种区别于商品选择权的教育选择权，家长不可以将这种教育选择直接看成是教育消费，不可以将自己应尽的职责全部推给托育服务机构。因此，家长要正确认识托育服务机构的职责，树立托育机构与家庭协同照料的理念，把托育机构照养者当成自己的合伙人，共同守护婴幼儿的健康成长。其次，家长要扮演好"守门人"角色，为孩子接受优质托育服务保驾护航。由于婴幼儿年龄尚小，所以家长需要做好"守门人"，为孩子选择适合、优质、专业的托育服务机构。为此，家长要了解婴幼儿的各个发展阶段及发展任务，以婴幼儿的发展需求为标准，选择与之相适应的托育机构课程和活动，同时要综合考虑托育服务机构的环境、活动材料、教师专业素质，从而更好地促进婴幼儿的发展。最后，通过定期组织座谈会，将新晋家长与有经验的育幼家长组织到一起，邀请有经验的育幼家长分享一些儿童照料经验，减缓新晋家长照护婴幼儿的压力。

二、多元化发展更好地满足社区托育需求

（一）大力支持普惠性公办托育服务机构的发展

现存的部分托育机构或多或少存在着费用高、入托难等问题，家长承受

着较重的负担。对此，社区托育服务机构可以通过对家庭经济能力以及入托便利性的综合考虑，对托育服务机构进行改革，加强普惠性社区托育机构的建设。这样的机构有着较高的性价比，更能受到家庭的青睐，是目前托育行业发展的主流和重点。

一方面，充分发挥示范性社区托育机构的引导作用，为其他社区托育服务机构的发展指明方向，促进现有社区托育机构的不断更新与完善。坚持就近服务原则，对社区托育服务资源进行全面整合，满足一些家庭的需要也是一个具有可行性的对策。另一方面，积极探索多元化社区托育服务模式，结合不同社区的家庭消费的具体情况，设立合理的普惠价格标准。针对普惠性民办社区托育服务机构，政府要给予一系列优惠政策，主要包括租金、水电、税收以及财政补贴等方面，在充分考虑家庭经济承受能力的同时，也要确保社区托育服务机构能够获利，实现两者之间的动态平衡。对于托育需求比较大的社区，积极鼓励营利性托育机构转变为普惠性托育服务机构；在条件允许的情况下，企事业单位可以通过自办或合办的方式，成立社区托育服务机构，从而不断扩大普惠性民办托育服务机构的规模。

（二）创新社区托育服务形式

发展不同模式相结合的社区托育服务是非常有必要的，这不仅能增强社区托育服务机构的核心竞争力，还能提升社区托育服务的质量。各地区政府可以制定相关方案支持学前教育前沿，引导与鼓励条件良好的幼儿园进一步拓展托育服务，或者是转型发展托育服务；在新的幼儿园的规划与建设中，可以酌情增设托育班，满足相关条件的幼儿园可以考虑将"托幼一体化"作为规划与发展的方向，以更好地解决所处社区婴幼儿家长的托育需求；发挥政府主导作用，通过吸引社会资本，引入满足本社区托育需求的项目，大力发展普惠托育服务；为了满足企事业员工的托育需求，对有条件的企事业托育机构，通过房租补贴、税收减免等优惠政策，支持与引导企事业单位自主创办具有福利性、公益性的托育中心。

不断创新与完善社区托育服务的形式与内容，增强社区托育服务的吸引力。通过设置计时托、临时托、半日托、全日托等多种形式，促进社区托幼一体模式、嵌入式服务模式以及早教加托育模式等不同形式的同步发展。0—1岁的婴幼儿通常主要是由父母进行养育，所以会对父母产生充分的信任与爱，这也是0—1岁婴幼儿情绪发展以及社会发展的起点，所以，对这一阶段的婴幼儿的养护需要格外用心，可以采取"家庭尽主责、政府兜底线、社会广参与"的方式。对于1—3岁的婴幼儿来说，这一阶段的孩子对所处的环境已经逐渐熟悉，并形成了一定的自我认知，所以可以为他们选择可靠的社区托育服务机构，使其接受早期教育。社区托育服务的工作内容也要不断更新转变，从单一的幼儿托管向着教育、培育方面发展，建立健全多层次、多元化的服务供给机制和科学性、有效性的分担机制，统筹照料与教育的一体化发展，尽力而为、量力而行。

第二节 构建包括社区托育服务在内的教育体系

一、社区托育服务对婴幼儿今后学习与发展的重要性

0—3岁是婴幼儿成长过程中的重要时期，对婴幼儿今后的成长与发展具有十分深远的影响。瑞士儿童心理专家让·皮亚杰曾得出如下结论：对于0—3岁的婴幼儿来说，他们的注意力和热情几乎都投入了自我建构当中。正因如此，婴幼儿才可以在形成自我的基础上逐渐走出自我，并最终发展出我们所期待的意志力、创造力、独立性以及幸福感。中国自古就有"三岁看大"的说法，这有力地说明了婴幼儿时期是人生的重要发展阶段。0—3岁是孩子智力发展的关键期，处于这一阶段的孩子大脑发育较为迅速，也是可塑性极强的时期，重要的神经元连接形成于这一阶段，孩子在这一阶段所有的有关学习、行为以及健康这三方面的经历，都有可能会贯穿婴幼儿的整个人生，主要包括思维能力、感统协调能力、语言能力以及对事物的基本认知能力等。

科学有效的早期教育，不仅对婴幼儿学习潜能的激发起着促进作用，还能不断提升婴幼儿的学习能力，为婴幼儿今后更快速地适应生活与学习打下良好基础，有助于婴幼儿更好地适应幼儿园教育，为婴幼儿的终身发展开创一个美好的开端，是对婴幼儿一生都有利的教育。从国家视角来说，大力推进0—3岁婴幼儿托育事业发展，能够产生不可估量的经济效益和社会效益，这属于一个投资低、回报率高的教育事业，因为教育事业与国家今后的发展密不可分。

具体来说，社区托育服务具备以下几点好处：

促进婴幼儿大脑的快速发育和身体的健康成长，让婴幼儿变得越来越聪明，身体变得越来越灵活；

促进感觉统合，使婴幼儿在步入幼儿园之后具有最佳的学习能力、动手能力；

提升婴幼儿的适应力、观察力、记忆力、专注力、思考力，培养婴幼儿一定的发现问题和解决问题的基本能力；

锻炼婴幼儿的语言能力、沟通能力以及逻辑思维能力，使幼儿在步入幼儿园时具备接受正规教育的基本条件；

培养婴幼儿良好的生活习惯，具备一定的辨别是非的能力，形成基本的生活管理能力，尤其是时间管理能力；

让婴幼儿学会保护自己，懂得避开危险，抗拒周围的诱惑，牢记主要联系人信息，知道遇到危急情况应该如何求助。

二、构建包括社区托育服务在内的教育体系

构建包括社区托育服务、义务教育、高等教育、在职教育以及终身教育的教育体系，增强对社区托育服务的重视程度，在提升社区托育服务质量的同时，为义务教育、高等教育、在职教育以及终身教育的发展奠定基础，有助于实现社区托育服务的均等化。

（一）全面整合资源

一是整合政府公共资源。政府投资的公共场馆是开展教育活动的重要载体。融合博物馆、科技馆、公园等公共文化场馆，促进社区托育服务、义务教育、高等教育、在职教育以及终身教育实施的制度化、规范化和系统化。政府在新建各类公共设施时，应充分考虑各级各类教育功能的发挥和布局。

二是整合学校特色资源。各级各类学校是教育理论研究与课程制定、实施的重要机构。要结合社区托育机构、义务教育学校、高等学校以及教育企业的优势资源，开发体现不同类型学校特色和专业特点，融"操作性、趣味性、思考性"于一体的教育课程，引导学习者积极参与学习体验和劳动活动，培养对学习的兴趣。

（二）构建教育课程体系

基于学习者的身心发展规律，根据社区托育服务、义务教育、高等教育、在职教育以及终身教育这几个阶段的学习者的实际情况，主要包括个体认知水平、探索能力、学习能力等，选择与相应教育阶段学习者需求和身心水平相适应的教育活动内容和方式。

社区托育服务阶段以"教育启蒙"为主。婴幼儿阶段是教育的育苗期。对婴幼儿的日常生活这一领域，主要是针对婴幼儿日常生活的培养，主要包括让婴幼儿自己学会吃饭、喝水、上厕所、穿衣服、与人简单的交流、最基本的是非观等。在数学教育方面，通过生活中的点点滴滴，让婴幼儿对形状、大小、数量等有一个大致的概念，建立空间感，培养婴幼儿的逻辑思维能力。在感觉教育方面，提高婴幼儿的身体协调能力、听力、视力、嗅觉、味觉、触觉等方面的感应力，建设婴幼儿的审美观念和兴趣爱好。在语言培养方面，通过与婴幼儿交流，培养婴幼儿的表达方式和欲望，初步培养婴幼儿的阅读能力及兴趣，正确引导婴幼儿建立思想道德观念。

义务教育阶段以"学习体验"为主。义务教育阶段是教育的奠基阶段。在义务教育阶段，主要通过老师手把手的指导，开展动手的实践体验活动，掌握基本知识和能力要求，初步形成正确的价值观。

　　高等教育阶段以"职场实战"为主。高等教育阶段是教育的固本阶段。主要是通过课堂的理论探讨，体验真实的实习项目，掌握职业生涯的理论知识，培养职业精神，并能够用马克思主义等科学的立场、方法来规划未来的职业人生。从大二开始，高等院校就可以为学生提供正式的实习项目，帮助学生提前进入就业进行实践检验。

　　在职教育阶段以"提升职业素质"为主。在职教育是在职人员提高个人学历、职业素质的重要方式。在职教育阶段，主要是在职人员通过参加学校教育，利用学习提升自己某一方面的技能。

　　终身教育阶段以"自我发展与完善"为主。终身教育为学习者的自我发展与完善提供了一条崭新的道路。终身教育强调教育应当贯穿一个人的每个阶段，拓展至人类社会生活的整个空间，主张在每个人需要的时刻通过最佳方式获取必备的知识和技能。

总　结

　　基本公共服务均等化是促进社会协调发展的重要因素，也是逐步形成惠普性社区托育服务体系的基础。国家要加快建设社会主义公共服务体制，以使人人都能享受到基本公共服务均等化带来的基本权益。也要加快推进以解决民生问题为目标的社区服务建设，体现出社会主义建设的核心与重点，保障与改善民生的基本权益，实现基本公共服务均等化。

　　基本公共服务均等化的实现对改善民生发展以及社会和谐建设有重要的意义。随着国家对基本公共服务均等化的逐渐重视以及各项基本公共服务政策的出台，基本公共服务均等化发展取得了很大的进步。为加快基本公共服务体系的建设，国家不断增加相关的财政投入，初步构建了基本公共服务框架。在各项政策支持下，地方基本公共服务均等化发展取得了良好的成效。但目前城乡之间以及地域之间的基本公共服务差距还是很大，为使人人都可以享受到社会经济发展的成果，基本公共服务均等化的发展还需进行更加完善的制度推进，国家要根据地方经济发展的基本情况以及民众的需求制定出更加完善的策略。

　　实现社会基本公共服务均等化，社区托育服务体系的建设才可以顺利开展。托育服务体系的建设离不开地方政府的经济支持，地方政府只有足够重视民生的基本需求，才可以将社区托育服务的构建与实施策略制定得更加完善。近年来，婴幼儿的托育问题已经成为民生的一大难题，居民对高质量托育服务的需求逐渐强烈。政府要根据居民的实际育儿需求提出相应的配套措施，加快建设社区普惠性托育服务体系对促进生育率的提高具有重要的意义。国家在对托育服务体系进行建设时，要增加对普惠托育机构的财政支出。建设好婴幼儿托育保障体系，不断完善托育的资源供给与支持政策。将婴幼儿照护服务纳入经济社会发展规划中，并引导社会各界力量参与其中，使托育服务的开展顺利进行。

　　社会化托育服务体系的建设以及托育服务的质量对人口出生率的提升有重要的推进作用，社区托育服务在地区之间的有效展开，能够从根源上解决社会的育儿难题。积极推动社区托育服务发展也是提升居民幸福感的重要手段，社区托育服务的开展可以有效缓解育儿的压力以及家庭矛盾。国家要将人民群众对基本公共服务均等化与托育服务的满意度作为衡量改革发展成果的标准，要将以人民为中心作为立场与原则，根据广大人民群众的实际需求制定相关的实施政策，由此才可以使广大人民群众的幸福感逐渐提升，促进社会和谐发展。

参考文献

[1] 陶园,胥兴春.依托社区的家庭互助式托育模式初探[J].四川职业技术学院学报,2022,32(01):44-49.

[2] 尚子娟,郑梧桐.0—3岁托育需求影响因素研究:基于对市场与政府的期望[J].陕西学前师范学院学报,2022,38(02):110-117.

[3] 班娟娟.30省已组织制定"一老一小"整体解决方案[N].经济参考报,2022-02-10(001).

[4] 论宇超,刘天宝,韩增林.中国城镇化与基本公共服务时空交互耦合关系及其驱动力分析[J].地理与地理信息科学,2022,38(01):124-132.

[5] 孙克竞.提高基本公共服务质量 夯实共同富裕根基[J].群言,2022(01):10-13.

[6] 兰峰,王晨,孙伟增,等.拥挤效应还是规模效应:人口流入对基本公共服务水平的影响研究[J].华东师范大学学报(哲学社会科学版),2022,54(01):127-142+175.

[7] 李晶,吴雨阳.辽宁省经济高质量发展与基本公共服务——时空分异评价与障碍因素诊断[J].东北财经大学学报,2022(01):87-97.

[8] 杨三,康健,祝小宁.基本公共服务主观绩效对地方政府信任的影响机理——公众参与的中介作用与获得感的调节效应[J/OL].软科学,2022,36(09):124-130.

[9] 刘牧晨,项松林,周泽宇.安徽自贸区基本公共服务水平测度与一体化发展对策研究[J].蚌埠学院学报,2022,11(01):39-44.

[10] 程铭劼,赵博宇.关注托育供需缺口 建议设立社区家庭托育点[N].北京商报,2022-01-07(004).

[11] 张佩玉.标准化助力养老基本公共服务——2021年佛山市南海区养老基本公共服务现场会召开[J].中国标准化,2022(01):48.

[12] 蒋立,刘建云,熊艳,等.基本公共服务标准体系构建研究——以成都高新区基本公共服务标准化综合试点实践为例 [J].中国标准化,2022(01):125-131.

[13] 高庆彦.中国城镇化与基本公共服务耦合协调时空演变及优化调控 [D].昆明:云南师范大学,2021.

[14] 陈璠.我市制定94项基本公共服务保障标准 [N].天津日报,2021-12-27(002).

[15] 李晓芳."全面三孩"政策背景下贵州省0—3岁婴幼儿托育服务发展:现状、困境与突破 [J].贵州社会主义学院学报,2021(04):73-79.

[16] 兰州市人民政府办公室关于印发《兰州市"十四五"促进养老托育服务健康发展实施方案》的通知 [J].兰州政报,2021(12):33-39.

[17] 王宇昕,余兴厚,汪亚美.转移支付对地方政府基本公共服务供给的激励机制研究 [J].改革与战略,2021,37(12):98-108.

[18] 尚靖凯,赵玲.新发展阶段基本公共服务均等化建设内涵及理路 [J].党政干部学刊,2021(12):40-45.

[19] 黄涛,王艳慧,关鸿亮,等.乡村振兴背景下农村基本公共服务与多维贫困的时空耦合特征研究 [J].人文地理,2021,36(06):135-146+192.

[20] 刘丽,苏晓洁,姚珍.婴幼儿托育服务行业市场发展存在的问题与对策——基于新疆部分地区调研结果的分析 [J].新疆职业教育研究,2021,12(04):38-44.

[21] 张鑫.乌兰牧骑与基本公共服务融合的途径与策略 [J].内蒙古艺术学院学报,2021,18(04):62-68.

[22] 邓伟强.公共服务和社会保障事业统筹部署 普惠性非基本公共服务纳入规划 [N].山西日报,2021-12-09(002).

[23] 四川省人民政府办公厅关于印发四川省促进养老托育服务健康发展实施方案的通知 [J].四川省人民政府公报,2021(23):15-24.

[24] 傅江平,许创业.民生幸福之花处处绽放 [N].中国质量报,2021-12-07(003).

[25] 乔俊峰,郭明悦.基本公共服务能有效提升脱贫质量吗?——基于多维贫困和多维贫困脆弱性的视角 [J].财政研究,2021(12):48-62.

[26] 卢阳春,石砥,张莹琳.基于DEA模型的四省连片藏区基本公共服务供给效

率研究 [J]. 中国西部 ,2021（06）:49-56.

[27] 贾婷月 , 王晓阳 , 司继春 , 等 . 财政支出推动了区域制造业升级吗？——基于基础设施与基本公共服务双重视角的实证检验 [J]. 上海财经大学学报 ,2021,23（06）:67-81.

[28] 李亮亮 , 袁涛 ."苗圃工程": 贵州儿童托育服务的探索与思考 [J]. 理论与当代 ,2021（06）:25-27.

[29] 马瑜骏 . 发展高质量家庭式托育服务: 国际经验及启示 [J]. 社会建设 ,2021,8（06）:15-24+39.

[30] 胡志平 . 基本公共服务、脱贫内生动力与农村相对贫困治理 [J]. 求索 ,2021（06）:146-155.

[31] 底会娟 , 李春晖 . 加拿大儿童早期学习与保育框架: 背景、内容及实施成效 [J]. 陕西学前师范学院学报 ,2021,37（11）:91-101.

[32] 孙璐 . 上海市托育服务政策完善研究 [D]. 上海: 上海师范大学 ,2021.

[33] 潘层林 . 杭州市举办婴幼儿照护服务社区成长驿站实践分享会 [J]. 杭州 ,2021（20）:72.

[34] 福建省人民政府发展研究中心课题组 . 关于加快提升福建省托育服务能力的思考及建议 [J]. 发展研究 ,2021,38（S1）:58-62.

[35] 重庆市人民政府办公厅关于印发重庆市促进养老托育服务健康发展实施方案的通知 [J]. 重庆市人民政府公报 ,2021（19）:30-38.

[36] 江苏省人民政府办公厅关于促进养老托育服务高质量发展的实施意见 [J]. 江苏省人民政府公报 ,2021（14）:20-30.

[37] 上海市松江区人民政府关于印发《松江区托育服务三年行动计划》的通知 [J]. 松江区人民政府公报 ,2021（04）:2-9.

[38] 广西壮族自治区人民政府办公厅关于印发广西促进养老托育服务健康发展三年行动方案（2021—2023 年）的通知 [J]. 广西壮族自治区人民政府公报 ,2021（17）:12-19.

[39] 刘香一 , 甘少杰 . 新世纪以来我国托育服务的研究热点与发展态势——基于 CNKI 数据库期刊的 Citespace 可视化知识图谱分析 [J]. 大庆师范学院学报 ,2021,41（05）:104-112.

[40] 黄世钊 . 扩大社区养老服务有效供给　大力发展普惠托育服务 [N]. 广西法治

日报 ,2021-08-27（B03）.

[41] 史安华 . 城市地区婴幼儿托育服务现状及对策研究——以安徽合肥托育供需现状为例 [J]. 现代职业教育 ,2021（35）:100-101.

[42] 沈童睿 . 办好养老托育　服务"一老一小"[N]. 人民日报 ,2021-08-16(007).

[43] 荆文娜 . 广西印发三年行动方案　多管齐下满足人民养老托育服务需要 [N]. 中国经济导报 ,2021-08-12（002）.

[44] 侯胜东 , 魏国学 , 关博 . 促进托育服务健康发展的地方实践——基于四川省成都市的典型经验 [J]. 中国经贸导刊 ,2021（15）:61-62.

[45] 廖志荣 , 许基凯 . 广西出台促进养老托育服务健康发展三年行动方案 [N]. 广西日报 ,2021-07-26（001）.

[46] 郭戈 . 制造亲密空间 : 公私困境下托育服务的本土化路径 [J]. 宁夏社会科学 ,2021（04）:173-181.

[47] 杨倩楠 ."幼有所育"背景下郑州市社区托育中心空间模式与设计策略研究[J]. 鞋类工艺与设计 ,2021（13）:113-115.

[48] 潘佳欣 . 我国 0 到 3 岁儿童托育服务中政府责任变迁研究——基于建国以来相关政策的文本分析 [D]. 重庆 : 西南大学 ,2021.

[49] 迟梦霞 . 青岛 0—3 岁婴幼儿照护需求及社区托育发展策略研究 [D]. 青岛 : 青岛科技大学 ,2021.

[50] 牛艳文 . "绿色生活方式"视域下郑州市社区体育发展现状及对策研究 [D]. 郑州 : 河南农业大学 ,2021.

[51] 余雅洋 , 李涛 , 姜辉 .0—3 岁婴幼儿托育服务实施主体的研究——基于新中国成立以来国家政策的文本分析 [J]. 教育观察 ,2021,10（24）:4-6.

[52] 尤方明 . 家庭、社区、机构联动养老　扩大普惠性托育服务供给 [N]. 21 世纪经济报道 ,2021-06-28（001）.

[53] 干家平 , 曹馨文 . 供给侧结构性改革视域下公共托育服务发展的困境及思路分析——以上海市为例 [J]. 改革与开放 ,2021（12）:43-48.

[54] 徐帮祥 . 济南市三岁以下婴幼儿托育服务均等化研究 [D]. 济南 : 山东大学 ,2021.

[55] 苑航 .0—3 岁婴幼儿家长对社区托育服务的需求调查——以河北省 A 市为例 [D]. 石家庄 : 河北师范大学 ,2021.

[56] 肖燕芳.完善0～3岁婴幼儿托育服务体系研究——以武汉市为例[D].武汉:武汉科技大学,2021.

[57] 李峥峥.以"1+N"模式助推普惠托育服务高质量发展[J].人口与健康,2021(05):65-66.

[58] 张海峰,黄楹,童连,等.上海市0～3岁婴幼儿托育服务需求、利用与供给现况研究[J].中国儿童保健杂志,2021,29(05):532-536.

[59] 徐桔豪.社会工作介入社区托育的服务策略与评估方法研究[D].合肥:安徽大学,2021.

[60] 谢慧婷,赖世锵.基于农村学习化社区建设,谈中学家校共育策略[J].中学教学参考,2021(12):82-84.

[61] 朱烈滨.促进社区托育服务健康发展 着力解决"一小"照护问题[J].中国卫生,2021(03):74-75.

[62] 李秋燕."互联网+"应用于幼儿园托育服务的路径研究[J].教育观察,2021,10(08):55-57.

[63] 王红珠.发展宁波家庭式托育服务的国际借鉴及对策思考[J].宁波经济(三江论坛),2021(02):41-43.

[64] 高佳蕊,刘龙顺,王雪洁.全面二孩政策背景下公共托育服务体系构建研究[J].现代商贸工业,2021,42(06):49-50.

[65] 2021—2025年《陕西学前师范学院学报》选题领域本体公告[J].陕西学前师范学院学报,2021,37(01):2.

[66] 郭捷."全面两孩"政策下保定市0—3岁婴幼儿托育服务供需状况的调查与分析——基于两个区的实证调研[D].保定:河北大学,2020.

[67] 岳训涛.多元一体化的婴幼儿托育服务体系构建研究——以成都市为例[J].现代农村科技,2020(10):82-84.

[68] 葛琳.0～3岁婴幼儿普惠性托育服务发展分析——以上海市为例[J].社会福利(理论版),2020(09):34-40.

[69] 庄丽娜,王畅,仲书诺.0～3岁婴幼儿托育服务建筑设计初期研究[J].城市建筑,2020,17(25):150-152.

[70] 张丹,周戈耀,田海玉,等.贵州省0～3岁婴幼儿托育服务体系的构建——基于其他地区的经验借鉴[J].中国初级卫生保健,2020,34(08):22-25.

[71] 何阳美.从"幼有所育"思考如何打造社区托育服务[J].社会与公益,2020,11（08）:34-35.

[72] 秦旭芳,姜春林.经合组织国家婴幼儿托育服务发展战略研究[J].比较教育研究,2020,42（07）:98-105.

[73] 范明丽,李聪聪,贺振蓉.全面两孩政策下我国0～3岁婴幼儿托育服务体系建构的思考[J].新疆教育学院学报,2020,36（01）:38-44.

[74] 付帅.大中城市0—3岁婴幼儿公共托育服务供需研究——以武汉市为例[D].武汉:中共湖北省委党校,2020.

[75] 李良玉,魏立华.日本托育服务设施供给方式研究——以仙台市为例[J].智能建筑与智慧城市,2020（06）:68-71.

[76] 张根健.依托社区,探索婴幼儿托育新模式[J].教育家,2020（23）:11-12.

[77] 陈偲,陆继锋.公共托育服务:框架、进展与未来[J].行政管理改革,2020（06）:60-66.

[78] 任杰.山西省构建婴幼儿托育服务体系的思考与建议[J].吕梁学院学报,2020,10（03）:90-93.

[79] 郭瑞.城中村0—3岁婴幼儿家长托育服务需求研究——以郑州市某村为例[D].武汉:华中师范大学,2020.

[80] 刘晨艺.全面二孩政策背景下公共托育服务供给优化研究——以南昌市为例[D].南昌:南昌大学,2020.

[81] 宁洋洋.0—3岁婴幼儿家长参与托育服务机构的选择偏好及影响因素研究[D].沈阳:沈阳师范大学,2020.

[82] 姜春林.婴幼儿托育服务从业人员职业化水平及家长需求的比较研究[D].沈阳:沈阳师范大学,2020.

[83] 鲁熙茜.共享理念视角下美国0—3岁托育服务的政策分析及启示[D].上海:华东师范大学,2020.

[84] 范君晖,张未平.我国3岁以下婴幼儿托育服务社会支持体系构建研究[J].黑龙江社会科学,2020（02）:100-105.

[85] 卢艳.0—3岁婴幼儿家、园、社区协同共育困境及策略探析[J].教育导刊（下半月）,2020（03）:60-65.

[86] 石卷苗.浙江省0—3岁婴幼儿托育服务体系建设——儿童早期教育服务模

式探索 [J]. 社会与公益 ,2020（02）:62-65.

[87] 潘鸿雁 . 我国普惠性托育服务的发展与思考——基于上海市普惠性托育点的调查 [J]. 福建论坛（人文社会科学版）,2020（01）:178-188.

[88] 罗佳欣 , 左瑞勇 .70 年来我国 0—3 岁婴幼儿托育服务政策的发展历程及未来展望 [J]. 早期教育（教育教学）,2020（01）:18-21.

[89] 崔秋晨 . 城镇婴幼儿公共托育服务发展问题及对策研究——以山东省枣庄市为例 [D]. 开封 : 河南大学 ,2019.

[90] 丁述银 . 稚子社以“社区＋企业”切入托育市场 [J]. 家庭服务 ,2019（10）:50-51.

[91] 王艺卓 , 李晓巍 .“幼有所育”背景下我国社区公共托育服务的经验与启示——以上海市和南京市为例 [J]. 幼儿教育 ,2019（27）:3-7+12.

[92] 财政部　税务总局　发展改革委　民政部　商务部　卫生健康委　关于养老、托育、家政等社区家庭服务业税费优惠政策的公告 [J]. 财会学习 ,2019(24):4.

[93] 关于养老、托育、家政等社区家庭服务业税费优惠政策的公告　财政部　税务总局　发展改革委　民政部　商务部　卫生健康委公告 2019 年第 76 号 [J]. 社会与公益 ,2019（08）:6.

[94] 时扬 . 婴幼儿托育服务政策的国际比较及对我国的启示——以美英日澳四国为例 [D]. 上海 : 华东师范大学 ,2019.

[95] 王鹏程 . 社区托育服务对育龄妇女二孩理想生育意愿的影响——基于 2017 年全国生育状况抽样调查七省数据的分析 [D]. 武汉 : 华中科技大学 ,2019.

[96] 潘晨聪 , 薛婷彦 . 五里桥社区托育园 : 提供育儿支持 , 构建幼有所育社会生态 [J]. 上海教育 ,2018（31）:27.

[97] 华怡佼 . 我国“二孩政策”下 0—3 岁儿童公共托育服务供给体系研究——以上海为例 [D]. 上海 : 上海师范大学 ,2018.

[98] 李峻鹏 , 周煜 , 郭冠宇 , 等 . 我国幼儿托育行业的历史、现实问题和解决对策 [J]. 中国经贸导刊（中）,2018（29）:114-115.

[99] 杨菊华 . 理论基础、现实依据与改革思路 : 中国 3 岁以下婴幼儿托育服务发展研究 [J]. 社会科学 ,2018（09）:89-100.

[100] 虹口区人民政府办公室印发虹口区关于加强托育服务工作实施方案的通知 [J]. 上海市虹口区人民政府公报 ,2018（02）:47-51.

[101] 上海市人民政府印发《关于促进和加强本市 3 岁以下幼儿托育服务工作的指导意见》的通知 [J]. 上海市人民政府公报,2018（10）:14-20.

[102] 陆文静 . 上海市松江区公共托育服务政府供给问题的研究 [D]. 上海：华东政法大学,2018.

[103] 强化日间照护　力促社区托养机构发展——解读《上海市社区老年人日间照护机构管理办法》[J]. 社会福利,2017（08）:16.

[104] 赵桂玲,宋剑 . 社区托老养老影响因素与发展对策——以河北省为例 [J]. 人民论坛,2014（14）:212-214.

[105] 张妤涛 . 幼儿园家庭社区合作共育策略 [J]. 发展,2010（07）:138.

[106] 孟庆,汪淙 . 生态体验下幼儿园与家庭、社区合作共育策略初探 [J]. 贵州教育,2009（15）:23-25.

[107] 广州市越秀区托幼工作领导小组 . 加强社区托幼管理　促进幼教社会化发展 [J]. 教育导刊,1997（S3）:11-13.

[108] 李晓晴 . 城市社区 0—3 岁幼儿托育的弹性评价研究——以天津市 H× 区为例 [D]. 天津：天津财经大学,2020.

[109] 韩甘甜 . 昆明市五华区 0—3 岁婴幼儿托育服务需求的研究 [D]. 昆明：云南师范大学,2021.